トップ3%の人は、「これ」を必ずやっている

上司と組織を動かす「フォロワーシップ」

伊庭正康
Iba Masayasu

PHP

はじめに――会社が「手放したくない」と思う人が、必ず持っているもの

◉「フォロワーシップ」を知っていますか？

この本は、何もこの時代に、わざわざ出世を目指すことを目的にした本でもなければ、自分を押し殺してイエスマンになってまで会社から求められる人材になりましょう、といった本でも、全くありません。

もっとスマートに自分らしさを貫き、それでいて会社にとってなくてはならない存在になる――そんな高い次元で、「自分らしさ」と「組織人としての影響力」のバランスをとる方法を紹介するものです。

そして、その鍵は、「フォロワーシップ」にあります。

フォロワーシップとは、上司の「至らない点」や「見えていない点」があれば、積極的にサポートし、組織を良くするために影響力を発揮するスキルのことを言います。決

して、忖度《そんたく》することやイエスマンになるといったことではありません。

「仕える」のではなく、「支える」――。

それが、フォロワーシップの基本姿勢。カーネギーメロン大学のロバート・ケリー教授の著書『The Power of Followership』（邦訳『指導力革命―リーダーシップからフォロワーシップへ』牧野昇訳／プレジデント社）によって注目を浴びた、アカデミックな裏付けのあるグローバルスキルです。

今では、選抜型リーダー開発の必須科目と言っても過言ではないくらいに広まっています。

◉「3%の人」しか知らないなんて、もったいない！

でも、残念に思うことがあります。

日本では、そのフォロワーシップを一部の人しか知らない、といった状況にあるのです。

私が講師を務めるフォロワーシップ研修でも聞くようにしているのですが、これまで約5000人に確認しましたが、知っているのはわずかに3%程度。そのため、実践している人もやはり3%程度しかいないのが実情なのです。

フォロワーシップを知らないために、会社や上司に対して無用なストレスを感じたり、改善できる簡単な問題なのに「言っても仕方ない」とあきらめてしまっている……。そんなケースがいかに多いことか。

だからこそ、思います。
職場には、たくさんの複雑な問題がある。
誰かがやってくれると思うと何一つ解決しない。
でも、誰かがちょっと動くだけで大きく動く。
だとするなら、職場の全員が知るべきではないのか、と。

まずは、フォロワーシップを知っていただきたい――。
それがこの本を書いた動機です。

⦿人事考課が良くても、チャンスに恵まれない理由

とはいえ、白状しますと、かつての私もフォロワーシップを知りませんでした。知ったのは、管理職になってからでした。

でも、**管理職になってからでは遅い。それが、私の実感**です。

それまでの私は、どこかで「やることはやる。でも、自分は自分、会社は会社」と少し割り切っているところがありました。

20代の頃、そう思わないと不安になる、そんな時代の空気も影響していました。

勤めていた会社（リクルート）が、一夜にしてスーパーのダイエーに買収されたこともありました。職場に「フォルクス（当時はダイエー系列だったステーキ店）」の割引券が配布された時は、会社とは実に不確かで儚《はかな》い存在だと、痛感しました。

山一證券、三洋証券、北海道拓殖銀行などが相次いで倒産したのもこの頃です。

誰もが知る大手企業が一夜にしてなくなる、そんなニュースを見続ければ、そりゃ

「自分のことは自分で」と考えるのが自然の流れでしょう。会社と距離をとるのが、新しいスマートさだったのです。

でも、この考えでは、「なくてはならない人材」になるには、限界があります。

おのずと、**職場への関与、事業への関与が少なくなるため、たとえ人事考課が良かったとしても、次第にチャンスに恵まれないといった状況になる**のです。

会社や上司からみると、「物足りないヤツ」と映って当然です（私は、自分が管理職になって、上司はそのように思うということに気づきました）。

かつて上司からこう言われたことがあります。

「遠慮するなよ。もっと来ていいんだよ」と。

フォロワーシップがわかる人には、すぐに理解できる上司のリクエストです。

でも、当時の私には意味がわかりませんでした。

後から思うと、たくさんの分岐路で、チャンスを失っていたことに気づきます。

⦿「組織に対するスタンス」を決めておくべきタイミング

「会社のために滅私奉公しましょう」と言うつもりは、1ミリもありません。そんな無責任な〝古い精神論〟は書いてはいけない、とすら思っています。

次の言葉(※①)からも、確実に新しい時代が来ていることを実感します。

「雇用をずっと続けている企業へのインセンティブがあまりない」
(トヨタ自動車　豊田章男社長)

「企業からみると(従業員を)一生雇い続ける保証書を持っているわけではない」
(経団連　中西宏明会長)

評論家や学者が言っているのではなく、日本を代表する経済人が、このような発言をしたことは重く捉えるべきでしょう。こうした言葉によって、**多くの会社が「終身雇用を約束しなくてもいい」という免罪符を手に入れた**わけです。

※①『日本経済新聞 電子版』(2019年5月13日)

だからこそ、これからの不確実な時代を生きるビジネスパーソンは、「組織に対するスタンス」を決めておくべきタイミングなのではないでしょうか。

◉「滅私奉公」でもなく、「会社と距離を置く」でもなく

では、いかなるスタンスをとるべきか。

滅私奉公に徹し、「忠誠を誓う」のでもなく、
会社は会社と「距離を置く」のでもなく、
ミスをしないように「安全な道」をとるのでもなく、
上司の言うことは絶対と「イエスマン」になるのでもなく、
ましてや、会社の「愚痴を言い合う民《たみ》」になるのでもないでしょう。

もはや、正解は1つしかありません。
それが、この本であなたに提案したいことです。
より**あなたらしく、そしてスマートに組織に影響力を発揮する存在になる、それこそが正解**でしょう。

そして、その鍵こそが、フォロワーシップを発揮することなのです。

「役職がついていないから」「年齢が低いから」といったことは関係ありません。

むしろそんな時こそ、フォロワーシップを発揮するべきタイミングです。

少なくとも役職は、身分ではなく、「ロール（役割）」です。

⦿組織の成功は、「部下」にかかっている

ロバート・ケリー教授は言っています。

組織の成功の8割は、部下のフォロワーシップによるものだ、と。

つまり、組織の成功は（上司ではなく）部下の主体性にかかっている、というわけです。

そんな主体性を発揮する部下は会社が放っておきませんし、実のところ、ほかの会社も放っておかないものです。

そして、最後に。

この本では、経験談や主観的な精神論や観念論に陥らないよう、ロバート・ケリー教授の著書『The Power of Followership』の理論をベースにしながら、今の日本の職場の実情に合わせ、アレンジをして紹介していきます。

フォロワーシップ理論の源流を学びたい方の一助になればとも思っています。

この本が、これからの働き方のヒントになれば幸いです。

株式会社らしさラボ代表取締役・研修トレーナー　伊庭正康

目次

第1章 「頑張っても報われない人」が見逃していること

第2章

3%の人だけが知っている「フォロワーシップ」とは

第3章 フォロワーシップを高める習慣

第4章 職場の「複雑な問題」を解決する方法

第5章 「ビジネスフレームワーク」を使って、10倍速で問題を解決する

第6章

いい時ばかりではない。「うまくいかない時」の対処術

第1章

「頑張っても報われない人」が見逃していること

01

頑張っているのに、上司が「物足りない」と感じるのはなぜ？

自分は会社を休まず、遅刻もしていない。指示にも従い、人事考課も悪くない。でも、あまり報われていない気がする。何が足りないのだろう……。

⊙上司が見ているのは、一生懸命な姿ではない

上司からの指示に従い、真面目にコツコツと頑張っているのに、思ったほどの評価を得られない……。そういったことはないでしょうか。

言われたことをきちんとやっているし、とりたてて叱られたこともない。人事考課だってマイナスはついていない。むしろ良い。

でも、なんとなくだけど、上司に認めてもらえていないような……。そう感じたことはないでしょうか。

先に答えを言いましょう。

上司が評価しているのは、真面目にやっているかどうかではありません。

むしろ、頑張るのは当たり前で、コツコツとできない人はマイナス評価になっています。**上司が、あなたに期待しているのは、「影響力の大きさ」です。**

⦿「私のところにもっと来ていいよ」の真意とは?

私の失敗談を紹介しましょう。

人には取り柄が1つくらいはあるもので、私は不器用ながら、営業だけはそれなりにできました。

成績が良いと、昇格します。現場の小さなリーダーを任されました。

部下との関係も良好でしたし、業績も悪くありませんでしたので、粛々と業務を遂行していました。

しかし、なぜか上司から言われるのは、「もっと、私のところに来ていいんだよ」といったセリフ。よくわかりませんでした。

いくら考えてもその意味がわからず、「飲みに行きませんか?」と声をかけたりもしました。しかし、その上司が求めていたのは、どうやらそういうことでもなかったのです。

さて、あなたなら「もっと、来ていいよ」の意味をどう捉えますか。

ここを押さえておかねば、これからのビジネスパーソンとしてのキャリアを無駄にしかねません。ここはしっかりと理解しておきましょう。

⦿「次々とチャンスが舞い込む人」がやっていること

答えは「フォロワーシップ」にあります。

フォロワーシップとは、「上司自身にスキルの不足や見えていない問題があるなら、参謀のようにサポートする姿勢」のことをいいます。

確かに、組織には少なからず、問題はあるものです。

当時の私には、このフォロワーシップの考え方は一切ありませんでした。

そのため、組織の問題に対するセンサーの感度も弱かったと思います。

自分の業務上の問題にのみ関心を持ち、上司の立場では物事を見ていませんでした。

「もっと、来ていいよ」は、提案や相談があるならもっと来ていいよ、ということ。さらに言うと、**「1つ上（私）の立場で、問題があるなら教えてね」**ということなのです。

その後、私はフォロワーシップの権威、カーネギーメロン大学のロバート・ケリー教授の著作などを通じて、フォロワーシップの考え方を学びました。そして数多くのビジネスパーソンを見てきましたが、このフォロワーシップをしっかりと発揮できている人は、ごくわずかです。

だからこそ、その**わずかな人が「上司からの信頼を勝ち得て、チャンスが集中する」という法則**が世の中にはあるのです。

実際、私がこれまで出会った、いわゆる一目置かれるリーダーもスペシャリストも、上司に対して、遠慮せずに議論をしていたり、時には苦言を伝えていたり、まさにフォロワーシップを発揮している方ばかりでした。

この**フォロワーシップを知らないと貧乏くじを引く**、と言っても過言ではありません。

本書では、あなたが理想のキャリアを手に入れるために不可欠となる、フォロワーシップの高め方と、その具体的な実践手法を紹介します。

Point

上司から信頼されてチャンスが集中する人は、フォロワーシップを発揮している。

02

査定は悪くないのに、奈落の底に落ちた理由

人事考課は、通信簿のようなものにすぎない。
通信簿が良いから、人から信頼されているとは限らない。
信頼されるには、より大事なことがあることをおさえておこう。

⦿人事考課を信じるな

あなたは、奈落の底に落ちた気分を味わったことがありますか？

私は会社員時代に、ちょっとした奈落でしたが、奈落の底の土を舐《な》めたことがあります。

管理職をしていた時のことでした。いわゆる**左遷的な人事を受けた**のです。

給与も下がりましたし、仕事の責任も小さくなりました。

それまでは、人よりも結果を出し、良い人事考課をもらえれば、待遇が良くなる。右肩上がりで給与も増え、仕事のサイズも大きくなる――それが私の常識でした。

その時の人事考課もむしろ良かったので、意味がわかりません。

上司に激しく迫りました。

最初は、上司も「伊庭は頑張っている。むしろ評価している」としか言いません。

これでは納得できず、さらに激しく迫ったところ、「……俺は守りたかったけど、もっと、いろいろな部署の幹部と会話したほうがいいかもよ……」とポツリと言ってくれました。

つまり、「伊庭の影響力は、現場に対してはあったものの、もう2段階、3段階上の上司からみると、十分に知られていなかったよ」ということなのです。

確かに、その時、会社の経営体制が変わり、私のことを知ってくれていた上司は、会社にいなくなっていました。

これが、**フォロワーシップが不足した〝人事考課だけが良い人〟の悲劇**です。

その時の私には、1つ上、2つ上の上司の考えに関心を持ち、話を聞くことなどはできたはずです。でも、そんな発想すらありませんでした。

実は、ほとんどの人は、この状態。

のちに研修会社を興し、フォロワーシップ研修をはじめ、様々な研修を年間200回、のべ4万人以上に実施してきてわかったことは、「1つ上、2つ上の視座に立って、フォロワーシップを発揮している人は、1クラス（30名程度）に1人くらい、つまり3％だ」ということです。

⦿奈落の底に落ちないために、最も大切なこと

さて、ここで話を整理しましょう。

人事考課が良いのに、チャンスに恵まれない、と感じることがあったとします。

この場合の問題点は、自分を中心に置いてしまっている点にあるのです。

例えば、責任の大きい仕事を誰かに任せたいと上司が考えていたとしましょう。候補者は3人。もし、あなたが上司なら、どんな基準で選びますか。

人事考課だけではないはずです。

相対的に選ぶことになるのですが、おおむね**人選の基準は、自分のことを理解してくれており、自分のことを積極的にサポートしてくれるであろう人**、ではないでしょうか。

つまり上司は、「仕事ができる人」かどうかだけではなく、「自分がやりたいことをサ

ポートしてくれる人」であるかどうかで選ぶのです。だからこそ、上司との距離感をしっかりと考えておく必要があるのです。

勘違いしないでいただきたいのですが、「上司の言うことを聞いていればいい」というわけでは決してありません。

上司は「仕える」ものではありません。上司は「支える」もの、これこそが正解です。

奈落の底の土は固く、冷たいものです。

今となっては良い経験だと、心から思えますが、あの時の自分に教えてやりたい気持ちでいっぱいです。あなたにはできれば味わっていただきたくないと思います。

まず、フォロワーシップがあれば、そうはなりにくいでしょう。フォロワーシップを発揮している人は、むしろ一気に上昇気流に乗る――それが現実です。

Point

「仕事ができる」だけでは、上司から選ばれない。

03

上司の言うことに従っているのに、報われないのはなぜ?

2つの同じ洋菓子がある。味は同じ。1つは賞味期限が明日、もう1つは来月。賞味期限が明日のものを選ぶはずだ。とり返しのつかないことはしたくないものである。人も同じ。「辞められるリスク」を会社は常に考えている。

◉「放っておけない奴」と思われるために

加えて、こんな法則が働いていることも知っておいたほうがいいでしょう。
次のように思われる人材は、さらにチャンスをつかみやすくなります。

「この人材が、辞めてしまっては困るな……」

これは、いわゆる〝上司あるある〟で、次のポストに向けて、「誰にしようか?」と考える際、こう思われる人物に白羽の矢が立つことになりやすい、というもの。

私も管理職の時、こんな経験をしたことがあります。

3人のうち1人を次のリーダーに選ぶ会議でのこと。

甲乙つけがたい状況になった時、新たな判断軸が、突如として登場します。

それが、「辞められては困る」という評価軸です。


だからといって、「辞めようかな……」などとつぶやく必要はありません。

職場で成果を出しているなら、**「そろそろ、こんなことに挑戦してみたい」と上司に伝えること**です。

「そろそろ、新規事業の開発に挑戦したい」

「そろそろ、リーダー役に挑戦したい」

と、面談の機会に伝えるのです。

この時の、上司の本心を代弁するとこうなります。

「今のうちにチャンスを与えておかねば、まずいことになりそうだ……」

⊙貧乏くじを引かないためにすべきこと

実際にあった1つの事例を紹介しましょう。

その彼は、当時、営業リーダーをやっていました。しっかり結果も出していました。上司は、こう思っていました。このまま営業課長になってくれればありがたい、と。しかし彼は、上司にこう相談をします。

実は商品企画にチャレンジしたい、マーケティングに興味がある、と。

上司は「営業課長への道」を打診するものの、彼の信念はビクともせず、取り下げませんでした。そこですぐにその上司は、上の上司に報告。

報告を受けた上司の上司は、こう尋ねます。

「異動させたほうがいいのかな？」

直属の上司が答えます。

「私にとって痛手ですが、このままでは辞められてしまいます。今すぐでなくても、どこかのタイミングで、考えたほうがいいと思います」と。

さて、あなたは、自分のやりたいことを上司に臆《おく》さずに伝えていますか。

言われたことに無条件に従います、という姿勢も一見すると美しいものですが、案外、貧乏くじを引いている可能性もあるのです。

私は、自分のやりたいことを伝えることもフォロワーシップの一歩だと考えています。環境に身をゆだねるのではなく、自分の想いや考えを臆さずに正直に伝える。遠慮している場合ではない、ということです。

〝チカラのある人材〟には、絶妙なバランスがあります。

「会社のために、事業のために、影響力を発揮している貴重な人材である。と同時に、ひょっとすると辞められてしまうかもと感じさせる、少し危うさのある人材でもある」

自分の評価や処遇を正当なものにするためにも、言いなりになるのではなく、「やりたいこと」があればしっかりと伝えておきましょう。

Point

自分のやりたいことは、上司に臆さず伝えたほうがいい。

04

資格も取った、本も読んでいる。でも、報われないのはなぜ？

「あの高級レストランは最高だ、特にドルチェが……」

などとウンチクを傾けられても、その人を好きにはならない。

そのレストランで買ったお土産のクッキーをくれる人を、人は好きになる。

⊙大事なことは、誰のための知識か

研修講師という仕事柄、多くのビジネスパーソンと接します。

その中で**よく見かける残念なパターン**があります。

その人たちは、資格も取っているし、本もたくさん読んでおり、打ち合わせでもチラチラとその片鱗を出してきます。

「それは、マクレランドの考え方ですよね」

「ポーターも言っていますが、戦わないことは大事ですしね」

知っている人なら、「まさに、そうです」となるわけですが、知らない人が聞くと、こう思うわけです。

「何をワケのわからないことを言っているんだ。その知識を仕事で使えよ」

知識は「職場のため」「お客様のため」に活かしてこそ歓迎されます。

知識もお金も一緒。持っていることをひけらかす人は嫌われます。

ひけらかさずに、さりげなく〝使ってくれる人〟が歓迎されるのです。

資格もそう、学習もそう、異業種交流会で得た情報ですらもそう。

自分たちのために〝使ってくれる人〟が歓迎されるのです。

では、どうすればいいのでしょうか。

「学んだ知識を職場にどう還元するか」もセットで考えることです。

この行為も上司がやってほしいこと。つまり、「フォロワーシップ」になるわけです。

⊙「お先です」と帰っても自分勝手と思われないポイント

私は20代の時、求人広告の営業職をしていました。

今とは異なり当時は残業が多く、自己投資に時間を充《あ》てる風土も職場にはありませんでした。私は、たまたま「いつか自分でコンサルタントや教育事業をやりたい」と思っていましたので、みんなが残業する中、「お先です」と帰らざるを得なかったのです（自分の判断ですが）。

しかし、これだけだと、組織人としてはイマイチだと考えました。

そこで学んだマーケティングや人事管理の知識を活かした営業手法を開発し、その手法の勉強会を社内で企画することを提案しました。

これには上司も喜んでくれましたし、同僚からも感謝されました。

「お客様の会社に出向き、勉強会を実施」する、といった勉強会を用いた営業手法を開発したのもこの頃です。

「お先です」と帰っても自分勝手と思われないポイントはここだな、と実感したものです。

⦿知識を活かせば「唯一無二」になれる

まとめましょう。

今、ビジネスパーソンの学習熱は高まっています。

また、経済産業省が副業を推進していることもあり、副業をする人も増えています。

でも、ここが分かれ目。

自分だけのメリットのためにしているのか、それとも職場にも還元しようとしているのか――ここがあなたが唯一無二の存在になれるかどうかの分岐点です。


方法は、いくつかあります。

ある派遣会社の方は、自分が勉強しているカラーコーディネーターの知識を使って、登録に来られた求職者に「カラーコーディネートの勉強会」をされているそうです。

印象がガラリと変わるので、派遣先のクライアントからも好評だそうです。


あなたが学んだ知識、資格を、あなただけのものにしておくのはもったいない。

みんなの資産にできるかどうかで、あなたが唯一無二になれるかどうかが決まります。

Point

学んだ知識は、「みんなの資産」にして初めて評価される。

05

上司とウマが合わないから、報われないのだろうか？

「派閥に入っていないから……」「彼は上司に取り入るのがうまいから……」。よくそう言う人がいるが、周囲には「負け犬の遠吠え」にしか聞こえないので気をつけたい。

◉ゴマすりは必要か？

上司とウマが合わないから報われない、と考える人は少なくありません。

確かに、経営体制が変わったり、方針が変わったりすると、今までの功労はリセットされ、時には、新しい上司と距離を感じる、なんてこともあるかもしれません。

実際、現場では、いろいろな不満の言葉が飛び交うものです。

「上司は自分の派閥をつくっている」「会社は若手にしか興味がない」「女性の活用しか考えていない」「私たちは子会社の人間だから……」などなど。

それが事実の場合もあるでしょう。では、どうするべきか。

何も、おべっかを使ったりゴマをすったりする必要はありません。

ここでもフォロワーシップを発揮するのが正解です。

つまり、**上司の「盲点」「不足」をサポートする役割に回ります。**


では、上司の「盲点」はどこか。

実は、おおむね傾向は決まっています。

「上司が忙しく気軽に相談できない」と感じている部下が多いものの、上司がそのことに気づいていないことはないでしょうか。どの職場でも起こっていることです。特に時短が推進されている中では、会話が減るので、職場の課題となりやすいのです。

一方、「上司のスキル不足」もあります。

「現場から変革を起こしたいけどできていない」のではないでしょうか。

多くの上司は、変革を求められていますので、そこに問題を感じています。

⊙上司と部下の「視界」をそろえる役割に回る

実は、同じようなことを示唆するデータがあります。

日本能率協会マネジメントセンターの「ＪＭＡＭ管理者実態調査２０１８」（職場における管理者のマネジメントの実態に関するアンケート調査）によると、こんな結果が出ているのです。

【管理者への質問】「これから（管理者として）重視していきたい行動は？」

1位「問題意識を持って、情報収集を行い、変化の兆しや組織の進むべき方向を的確にとらえる」こと

※しかし、部下は8位（部下はそこに関心がない）

【部下への質問】「（あなたの）上司に期待する行動は？」

1位「メンバーが気軽に相談できる雰囲気をつくる」こと

※しかし、管理者は11位（上司はそこに関心がない）

こうしたギャップを知ると、フォロワーシップの利かせ方が見えてきませんか。

あなたが、パイプ役になればいいのです。

あなた自身が「伝える役割」になってもいいでしょうし、「語り合う会議」を開いてもいいでしょう。

さて、あなたの職場はいかがでしょう。

派閥がどうだ、子会社だからどうだ、なんてことは横に置いておいたほうが建設的です。仕事柄、多くの経営者と話をしますが、「子会社だから……そんな壁はいくらでも変えられる」、そんな声が多く聞かれます。

そういえば、私も最初に入社したのは子会社でした。

組織は常に変わります。ある時、親会社に行くことになりました。逆もあります。

所属がどうだ、なんて気にしないことです。

影響力を行使する権利は平等だと考えておくことです。

まずは、あなたの職場で解決すべきことを上司と話す機会を持ってみてください。上司が課題と感じていることを聞くだけでも、やるべきことが見えてくるはずです。

Point

上司が職場の課題と感じていることを、まずは聞いてみよう。

06

年下の人が上司になった時こそ、活路を見出すチャンスである

「え、あいつが上司に⁉　昔、仕事を教えてやったあいつが……」。

そう思った時は、まずモードを変えよう。

若手上司はアイドル俳優と一緒。名脇役がいてこそ輝けるのだ。

⊙年下の上司がやってきた

今、「年下の上司」の存在は当たり前になってきています。

マンパワーグループの調べ（※①）によると、今や約7割のミドル人材が、その状態にあるといいます。しかし、その調査では、約3割の人が年下上司・社員にやりにくさを感じているともいいます。

「なるべく近づかないようにしている」なんて声もあるくらいです。

でも、こうした考え方では、今後はやっていけないでしょう。

もし、**転職したとしても、そこに年下の上司がいる可能性のほうが高い**のです。

※①直近3年以内に転職した35～55歳の正社員男女400名を対象に、職場における年下上司・社員との人間関係について調査（2018年3月）

ここでの問題点は、上司のほうが「偉い」といった上下のパラダイムで考えていること。**上司は「上」ではなく、ただの役割**でしかありません。「上司と部下、どちらが偉いのか」と経営者に尋ねてみてください。「どっちも」と言うに決まっているのです。

年下の上司ができ、やりにくさを感じた時は、早々にフォロワーシップを発揮するモードに入ることです。

優秀なフォロワーに回ることこそが、ベテランメンバーの新たな活路です。

中堅社員は、**「年下上司こそ、悩みを抱えている」**ことに、むしろ敏感でないといけません。

⦿年下上司へのフォロワーシップの在り方

先ほどのマンパワーグループの調査からは、次のようなことも見えてきます。

「年下上司は年上の社員に指示を出しづらく、かたや年上社員は年下上司に意見を言いづらい。つまり、お互いが気を遣いすぎている様子がうかがえる」と。

ここが、まさにフォロワーシップの利かせどころです。

フランクに年下上司に質問をしてみてください。

「年下であっても上司なのだから敬語で話すべき」などと書かれている書物もありますが、それまでの関係性による、で問題ないと感じます（実態はそうなっています）。

「何か、困っていること、あります？（もしくは、ある？）」

「○○について伺いたいのですが、よろしいですか？（もしくは、聞いていい？）」


まずは、質問によって、年下上司が「不足」に感じていることを把握し、サポートする側に回ることが年上部下のあるべき姿なのです。

おおむね、上司もやりにくさを感じているもの。そこをサポートするのです。


ついでに、絶対にやってはいけないことを言いましょう。

フロアで〝先輩風〟を吹かせてはいけません。実は、私もされたことがあるので、よくわかります。たまたま、めぐりあわせで年下上司になる機会がありました。

「わからないことが多いだろうから、俺に聞けよ」

「ここでは、関西弁はやめたほうがいいよ。苦手な人もいるからね」

「俺のほうが、この業務には精通しているんだから、こうしてくれよ」

などと、部下がみんないる場で言われたこともあります。

もちろん悪気のない、先輩としての助言なのですが、メンバーがいる職場のフロアでの会話としては適切ではありません（2人きりで会話する時なら問題ありません）。

上司は、組織をマネジメントする役割であることを考えてみてください。〝先輩風〟を吹かされると、その役割を全うしにくくなってしまうのです。

最後に、それでもまだ**年下上司に対して感情面でモヤモヤしたものがあるという人は、営業と同じだと考える**とよいかもしれません。

想像してみてください。営業先の担当者が新人だとしても、偉そうにはしないはずです。いきなり、アドバイスもしないでしょう。むしろ、「さりげなくサポートしてあげないと、こちらの仕事も進まない」と思ったりしませんか？

それと一緒です。年下上司のため、同僚のため、そして自分の仕事のため、先輩だからこそ、伝えてあげられること、サポートできることもあるはずです。

Point

「年下上司＝営業先の若手担当者」と考え、さりげなくサポートしてあげよう。

07 残念な人が気づいていない、2つの「ズレ」

「全然、上司がわかってくれない。現場感がない上司は話にならない」は、「俺の良さがわからないヤツはバカだ」と言っているに等しい。

◉2つの「ズレ」をチェックしておく

これはいかなる仕事もそうなのですが、上司との間に**「ズレ」があると、いくら頑張っても報われない「残念な人」になってしまいます**。いくらフォロワーシップを発揮しようとしてもうまくいきません。

空回りしないためにもチェックをしておきましょう。

まず、2つの質問をさせてください。

【質問1】

あなたの仕事をするスタンスは、どちらに近いですか?

A：上司の指示に対し、しっかりこなす
B：上司の指示に対し、もっと良い方法はないかと考える

【質問2】
「質問1」で「B」と回答した方に質問です。もし、上司が現場が苦しむようなムリを言ってきた時、本心はどちらに近いですか？
A：良い方法を思いついたら、すぐに提案する
B：良い方法を思いついても、先に上司の考えを聞く

正しくフォロワーシップを発揮するなら、
【質問1】…B（上司の指示であっても、もっと良い方法はないかと考える）
【質問2】…B（思いついても、すぐ提案せず、先に上司の話を聞く）
のパターンが正解です。

では、なぜ、この質問をしたのか。
私のフォロワーシップ研修で、セルフチェックをする箇所があるのですが、「理想型

のフォロワーシップ」を発揮していると回答しながら、実際のところは職場でそれほど影響力を発揮できていない人もいるのです。

ここにあるのが、「ズレ」なのです。

ズレがあると、いくら頑張っても成果につながりません。

1つめのズレは、このパターン。

【質問1】…B（もっと良い方法がないかと考える）
【質問2】…A（上司より自分の考えのほうが筋が良いと思っている）

私は、このパターンを「ひとりよがり型」と呼んでいます。

期待を超えようとしているのは良いのですが、上司の心には響かないでしょう。全体観のないままに、目の前のことや自分の持っている情報だけで提言をしても、なかなか意見は通りません。フォロワーシップを効果的に発揮するには、情報をどれだけつかんでいるかが重要。まずは、上司が課題に感じていることを確認しておきます。

もう1つのズレは、

【質問1】…A（上司の指示にきっちり応えるだけ）

で、とどまってしまっているパターン。

この場合、**「もっと来いよ」と思われている可能性もあります。**特に、中堅がこのパターンだと、「物足りない」と思われても仕方がありません。

例えば、社内で販売キャンペーンがあったとしましょう。

どうも、キャンペーンが盛り上がらなかったとします。

期待に応えない人は、キャンペーンが面白くないね、と批評をします。

期待に応える人は、そのキャンペーンの中で、自分自身が頑張るにとどまります。

期待を超える人は、全体を考え、そもそもキャンペーン自体を盛り上げるために何をすべきかと、自分の役割を超えて考えます。自然と、上司の立場で考えているのです。

まずは、この2つのズレに敏感になっておきましょう。

Point

上司の課題をしっかり把握した上で、上司の期待を超えよう!

第2章

3%の人だけが知っている「フォロワーシップ」とは

01

なぜ、今、フォロワーシップなのか？

誰もがこう思ったはずである。「なぜ、あの名経営者、カルロス・ゴーン氏が、あそこまで暴走してしまったのか。制御できる人はいなかったのか」と。

⦿トップダウンでは変化のスピードについていけない

フォロワーシップとは、**部下が上司をサポートする姿勢**のことを言います。

フォロワーシップに注目が集まったのは、カーネギーメロン大学のロバート・ケリー教授が、１９９２年に出版した著書『The Power of Followership』（邦訳『指導力革命―リーダーシップからフォロワーシップへ』牧野昇訳／プレジデント社）で、この概念を「フォロワーシップ」という言葉で表現したのが始まりです。

同書では、「組織の成功の8割は部下のフォロワーシップによって決まる」とまで言っているのですが、あながち言い過ぎでもない、そこに企業は注目しました。

当時のアメリカは、双子の赤字（貿易赤字、財政赤字）を抱え、経済が衰退傾向にあり、ニューヨークのロックフェラーセンターは三菱地所に買収され、ハリウッド映画の中心にいたコロンビア映画はソニーに買収され、ホノルルにあるアラモアナセンターもダイエーに買収されるなど、彼らのシンボルが次々と外資に塗り替わっていく状況でした（今では想像もできませんが）。

また、上司の間違った判断を制御する役割が必要になってきたのもこの頃でした。

そんな背景もあり、「**これまでのリーダーの経験だけでは乗り切れない**」という空気が、ビジネス界に広まっていたのです。

そして、今、日本にもこのフォロワーシップの潮流は来ています。実際、私も多くの大手企業の中堅社員研修でフォロワーシップ研修の相談をいただくようになりましたし、企業がフォロワーシップを持つ人材を切望していることを実感します。

では、なぜ今、日本で、急速にフォロワーシップが必要になってきていると思いますか？

それは、**経営者が現場の想像を超える「強い危機感」を抱いているから**にほかなりません。「上《じょう》意《い》下《か》達《たつ》では生き残れない」と真剣に考えているのです。

戦略の判断、コンプライアンス、働き方改革……数年で環境が激変する時代において、もはやトップダウンでは乗り越えられない——それが企業の常識になっています。

上司の経験や常識が陳腐化するスピードが、ますます速くなっているのです。

⦿潮流を見逃すな

みずほ銀行で、34歳（入行9年目）の支店長が誕生したことがニュースになりました。

背景には、ゼロ金利、フィンテックなどにより、既存のルールが崩壊し、年齢や社歴なんて言っている場合ではない、といった状況があります。実際、みずほフィナンシャルグループ社長・グループCEO（当時）の佐藤康博氏も、中期経営計画の発表の場で「年功序列を崩す」といった旨の発言をしています。


異例の抜てき人事は、みずほ銀行だけではありません。部長職は40代が当たり前だった**日本マクドナルドでも、28歳の部長が誕生**したことが少し前にニュースになりました。

抜てきされた方は、インタビュー（※①）でこのように答えています。

（新卒で入社し、その頃より）「毎日、毎日、呪文のように、『会社を変えたい』『会社を変えたい』って唱えながら仕事をしていた記憶がある」

※①GLOBIS知見録（2018年4月13日）メルカリ唐澤俊輔氏「MBAで学んだ組織と自分を大きく変革する方法」

私の別のリサーチでは、彼が入社した時期の日本マクドナルドは、幹部であっても「異論」を唱えるのは勇気が必要だったと聞きます。そんな雰囲気の中でも、抜てきされた彼は、新人の時から「会社を変えたい」とずっと考えていたわけです。

このように、本当の意味での適材適所の人事が行われるようになってきています。**子会社にいた人材**が本社の根幹に携わっている例はたくさんありますし、**契約社員で入社した地方の女性**が4年後に大手企業の部長職に抜てきされた例も知っています。

若手だけではありません。**40〜50代にもチャンスは来ています。**先ほどのみずほ銀行でも、旧来なら可能性が低いと思われていた50代の新任支店長も誕生しています。

さて、いかがでしょう。共通しているのは、成果を上げるだけでなく、しっかりとフォロワーシップを発揮している人が注目されるようになってきている、ということです。

Point

企業がいま切望しているのは、フォロワーシップを発揮してくれる人材だ！

02 フォロワーシップを高める、2つのチカラ

「遠慮」は、あえて、やらないことを言う。「謙虚」は、こんな自分でも何かできないか、と考えることを言う。いつの時代も「遠慮」が評価されることはない。

⦿2つのチカラを高めておこう

「でも、自分は、そこまで高い意識を持っていないかも」と思われたかもしれません。安心してください。**最初から持てている人は3％**程度しかいません。

これまで、フォロワーシップなんて、日本の会社では重視されていなかったので、当然とも言えるでしょう。

ここでは、多くの企業で実際に効果を発揮している「フォロワーシップの高め方」を紹介していきます。

ベースとなるのは、ロバート・ケリー教授の理論。まずは、次の図をご覧ください。2つの軸（力）で構成され、5つの「フォロワーシップ」の類型に分かれています。

フォロワーシップは5つのタイプがある

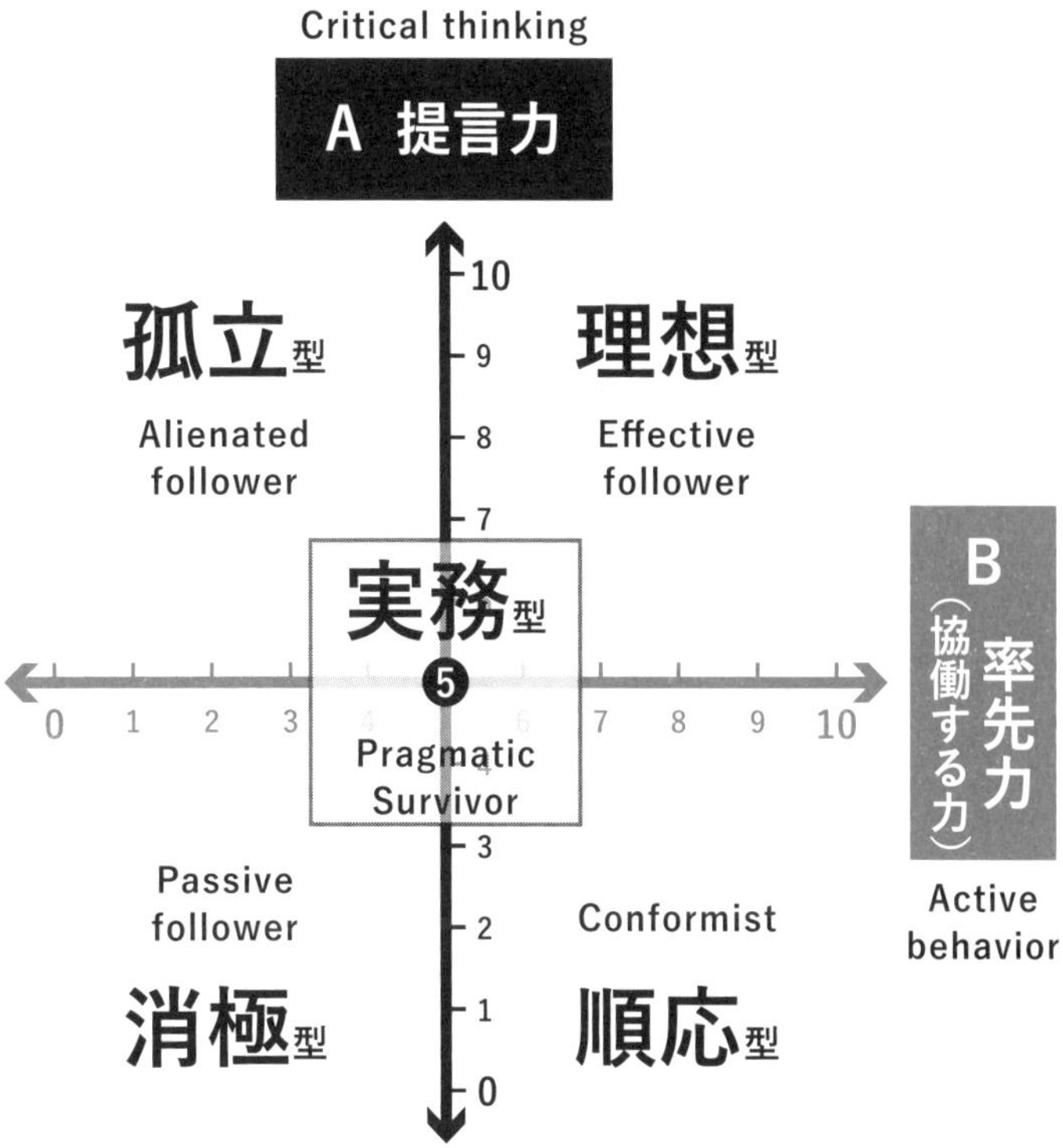

出典：『指導力革命―リーダーシップからフォロワーシップへ』（ロバート・ケリー著、プレジデント社）に掲載の図を、筆者が一部アレンジ

つまり、この2つのチカラ（提言力と率先力）を高めれば、フォロワーシップを高めることができるということです。

では、まず**縦軸のチカラ、「上司に提言をする力」**について説明しましょう。

これは、職場の問題や、事業・サービスの問題があれば、臆することなく上司に問題提起を行い、その上で対策を提案するチカラを言います。

逆にこのチカラが低いと、上司の言うことは絶対であり、多少の違和感があったとしてもとりあえず従う、といった状況になってしまいがちです。

一方、横軸は、「自らが率先して動く力（協働する力）」です。

言うだけでなく、問題があるなら、役割を超えて、率先して行動するチカラです。これが低い人は、言うだけの人、もしくは言われるまでやらない人、というわけです。

◉「ウチの会社ではムリ……」の勘違い

でも、ウチの会社では難しい……と思われることがあるかもしれません。

職場によっては、上司にものを言うのはためらわれる、といった雰囲気もあることでしょう。実際、「ウチの上司は考えが古いから」「上司自身のやる気が低いので」といった声も聞きます。

いや、違うのです。

そこが、あなたの〝見せ場〟だと考えてください。

誰かがやらねばならないなら、誰がやるのか、ということです。

確かに、あなたの職場は、まだ上意下達かもしれません。

上司に、本気で取り合ってもらえないかもしれません。

でも、フォロワーシップは、そこからがスタートなのです。

むしろ、うまく持ち掛けることができれば、まず周囲から頼りにされます。

もちろん、うまい持ち掛け方も、この本では紹介していきます。

Point

上司を動かすのが難しい時こそ、フォロワーシップを発揮するチャンス！

03 フォロワーシップの5類型を知っておこう

職場に問題はないだろうか。誰かが何とかしてくれるはず、と思っていないだろうか。30人に1人は、「今、自分にできることはないか」と真剣に考えている。

⊙フォロワーシップの5つの類型

次に、フォロワーシップの各類型について、解説します。職場の同僚、そしてあなた自身のことを思いながら、どのタイプなのか、確認してみると理解が進むでしょう。

【理想型フォロワー】Effective follower
⬇提言力(○)/率先力(○)

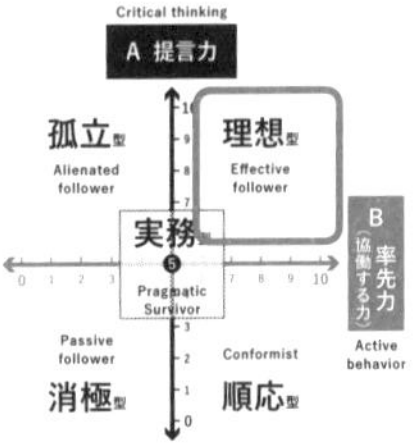

まさに**「理想」のフォロワー**です。出現率は3%程度。30人に1人の割合。

上司の不足、盲点があれば積極的にサポートする、そんな参謀のようなフォロワーです。ただし、イエスマンではなく、上司に対して問題を感じたなら、きちんと提言をし、また上司の代行者になって動くこともあれば、上司が動きやすいようサポートに回ることもある、そんなフォロワー。自分の損得はさておき、自分がやらないと誰がやる、そんな考え方が基本にあるフォロワーです。

【順応型フォロワー】Conformist

➡提言力(×)／率先力(〇)

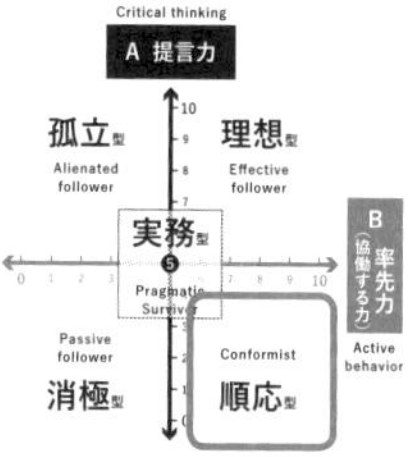

こちらは、**いわゆるイエスマン**。上司が言うことを、盲目的にすぐにやろうとします。時には、おかしいと思いながらもやってしまいます。

「上司が言っているから、やらなきゃ仕方ないでしょ」と言うタイプ。従うことが当たり前になっている、そんな人です。

スポーツ団体のトップ（会長）の不適切な行為や、大手企業の不正は、この順応型フォロワーが助長させてしまっているケースが少なくありません。

【消極型フォロワー】Passive follower

⬇提言力（×）／率先力（×）

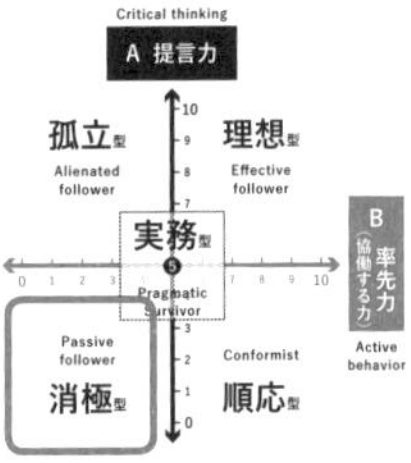

指示待ちのフォロワーです。決してやる気がないということではありません。
上司から言われたことはやり遂げたい、と考えています。
ただ、問題は、遠慮して、受け身であること。
余計なことをして、迷惑をかけるのが嫌、といった考え方がベースにあります。
上司から見ると、積極性の低さに物足りなさを感じるフォロワーです。

【孤立型フォロワー】Alienated follower

⬇提言力（○）／率先力（×）

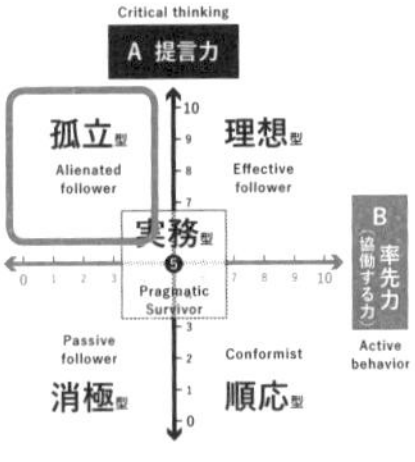

よかれと思って苦言を呈するものの、**独りよがりになっているフォロワー**です。
「提言はする。でも、やるのはあなた」の姿勢が、孤立を招きやすいタイプ。

役割意識が強いため、提言はすれど、率先して動くのは越権行為だと考える人も。上司との対話が多いほうではないので、上司の課題にフィットしていないこともあり、不満を上司にぶつけているだけ、といった構造になっていることもあります。

【実務型フォロワー】Pragmatic Survivor
➡提言力(△)／率先力(△)

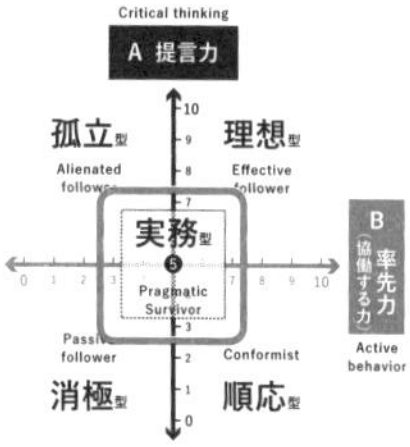

一見すると模範的なフォロワーに見えますが、**実利的、現実的な「妥協策」に落ち着かせようとするフォロワー**です。官僚的とも言えます。このタイプが中堅にいると、「非連続（イノベーション）」の挑戦は消されてしまいます。「現実的ではないでしょ」「それは理想でしょ」と考えてしまうからです。本来は非連続の成長を促すのがあるべき姿です。

Point

今の自分はどのタイプのフォロワーか、まず自覚しよう。

04 本田宗一郎に引退を決意させた、エンジニア

理想型のフォロワーは、「目先の損得」だけでなく、「自分たちは、どうあるべきか」といった「使命感」で発想できる人でもある。

⊙理想型と実務型の大きな違い

先に「実務型」と「理想型」の大きな違いを明確にしておきましょう。

実務型は上司の期待に応えるため、「よりうまくやる方法」、つまり〝How〟の発想で考えます。しかし、「理想型」は、〝How〟だけでなく、〝What〟まで考えます。「今は、何をすべきなのだろうか」と。

1960年代から70年代にかけての本田技研工業でのエピソードです。

1人のエンジニアが、アメリカの論文の中に、「大気汚染が問題になる。政府も対策を検討し始めている」といった文章を見つけます。

エンジニアは、こう思いました。「日本でも大気汚染が深刻になり、子どもたちが、外で遊べなくなってきている。子どもたちに青空の下で遊んでほしいし、我々は環境にやさしい自動車を開発すべきではないか」と。

そこで彼は、会社に提言をし、環境開発のプロジェクトがスタートしたのです。

プロジェクトが進む中、社長の本田宗一郎氏は、こう言ったといいます。

「環境対策は、ビッグスリーと並ぶ千載一遇のチャンス！」と。

しかし、**エンジニアたちは、この社長の考えに異論を唱えました。**

「環境対策は、会社のためにやっているのではない。社会のためにやっているのだ」と。

1970年、アメリカで制定された「マスキー法」が世界の自動車産業を震撼させます。

1975年以降に製造する自動車の排気ガス中の一酸化炭素（CO）、炭化水素（HC）の排出量を1970－1971年型の10分の1以下でないと販売できないといった、常識を超えた規制を強いる法律でした。

〝ビッグスリー〟側（ゼネラルモーターズ、フォード・モーター、クライスラー）からの反発は激しく、まず不可能だと言われていました。

しかし、1972年、自動車後進国と言われ、アメリカが見向きもしていなかった日本のメーカー、ホンダの自動車がその厳しい基準をクリアしてしまいます。

これには世界も驚きを隠せませんでした。

しかも、その低公害エンジンを搭載した第1号車はシビックと名付けられ、希薄燃焼によって低燃費も実現して世界的な大ヒットとなりました。

実は、この話には続きがあります。

この一件で、本田宗一郎社長は、自ら、引退を決意したのです。

引退を決めた理由について、本田社長は次のように語りました。

「いつの間にか私の発想は企業本位のものになってしまっていた。若いエンジニアたちがそのことに気づかせてくれた。優秀な社員がどんどん育ってきている。自分は退き、彼らに任せたほうがいい」と。

今なお、美談として語られるエピソードです。

でも、もし、会社に「実務型」の部下しかいなかったら、こうはならなかったでしょう。「より速い自動車」を開発する、といった方向に邁進《まいしん》したはずです。そうなると、低公害車の開発に、間違いなく後れをとっていたはずです。

では、どうして、一介のエンジニアが社長よりも〝一歩先〟を行く発想ができたのでしょう。それは、アメリカの論文をはじめ、良質のインプットをしていたからです。

良いフォロワーになるには、良質のインプットが必要なのです。

職場で粛々と仕事をしているだけでは、気づかなかったでしょう。

ちょっと考えてみてください。あなたが関わる事業は5年後も安泰でしょうか。

もし、安泰でないとしたら、「自分たちは何をするべきなのか」……理想型の人はそんなことを真剣に考えているのです。そして、それができている人が3％、30人に1人、というわけです。先を行く会社の事例やビジネス書にヒントを求めるのも、最初のステップとしてはいいでしょう。

事業環境の変化が激しい時ほど、フォロワーシップの強い人が頭角を現すのは、自然の流れとも言えるでしょう。

Point

「今、自分たちが本当にすべきことは何なのか」を考えよう。

05 「人事と営業」を兼務することになった、営業リーダー

アリストテレスは言った。「垣根」は相手がつくっているのではなく、「自分」がつくっている、と。もし、「自分の役割はここまで」という意識があるなら、それは「自分」でつくった垣根でしかない。

⦿「社長の逆鱗に触れるかもしれない。でも……」

私が知る、ある営業課長の話です。彼はいわゆるプレイング・マネジャー。「超」がつくほどのトップダウンの会社に勤めていた彼は、社長の言うことに従わないと会社では生き残れない、と思っていました。

社風も特殊で、結果を出さない人は残れないという「業績至上主義」、「社内競争」も奨励されていたのです。そして、そんな社風に嫌気がさした優秀な人材から辞めていく……まさに悪循環が常態化していました。

やはり優秀な人材がいないと、会社は成長しません。

創業から30年、最近は新しいサービスの開発ができておらず、社内では「5年後は厳しいだろうな……」と不安の声もあがっていました。

ちょうどそんな時に、その営業課長は私が講師を務めるフォロワーシップ研修を受講し、先ほどの本田技研工業のエピソードを聞いたのです。

「なるほど、自分ならどうするかな……」と考えたといいます。

研修後にこんな相談をもらいました。

「ウチの会社は、短期の業績評価しかないことが問題だと感じています。組織や事業への貢献も評価対象にしないと、近視眼的になり、とても変革を起こせないと思います。でも社長に言うべきか迷っています……。直属の上司に相談したのですが〝それは危険だ〟としか言わず。でも、やはり社長に言わないと変わらないと思っているのですが」

彼の気持ちはわかりました。

業績至上主義の社長の逆鱗《げきりん》に触れ、左遷される恐れすらあったからです。

私は、**「意見交換の場」をもらえないか、といったアプローチ**なら問題ないのでは、と回答しました。

彼は、意を決し、社長に連絡を入れたのです。


そして、会談は実現。社長はこう答えました。

「ありがとう、やっぱりそうだよな……。どうすべきだと思う？」と。

その1ヵ月後のこと。想定外のことが起こります。

その営業課長に辞令が発令されたのです。

「営業課長、兼人事部長」

ありえない兼務の辞令です。

「君しかできる人がいない。お願いしたい」

これが社長からの言葉でした。

⦿怖いワンマン社長も、〝思い〟は一緒

なぜ彼は、リスクを背負ってまで、動いたのでしょうか。そのことを尋ねました。

「冷静に考えると、私利私欲ではなく、会社のために提案をしているのに、左遷されることはないだろう。話せば、通じるはず」と考え、会談に臨《のぞ》んだと言います。

この考え方は、理想型のフォロワーに共通する考え方でもあるのです。

「話せば、きっとわかる」、この感覚を持てるかどうかは、重要な点。

彼らは、抽象度を上げると、思っていることは〝一緒〟ということが、わかっているわけです。

知人のあるメディアの編集長も、同様のことを話していました。

「右翼も左翼も、ゴールは一緒。両者とも〝良い国をつくること〟と言う」と。

経営者も上司も、会社をもっと良くしたい、という気持ちは一緒のはず。

もちろん、先ほどの営業課長がそうしたように、話の持っていき方はケアをする必要はありますが、意見交換に持っていけば、ほとんどはうまくいくことになっています。

Point

経営者も上司も会社をもっと良くしたいという思いは同じ。「話せば、きっとわかる」。

06 彼が、たった5年で「社長に抜てき」された理由

「わがこと（我が事）」という言葉には、その人の〝在り方〟が反映される。主語を「I」で考えるか、それとも「We」で考えるかで、意味が全く異なる。

⊙「自分のことは、さておき」と思えた時、人は変わる

これは、私の友人の話です。

彼は、35歳まで役職がついていない、いわゆる平社員でした。本人も「出世レースとは距離を置き、マイペースで仕事をする」という人でしたので、同期が課長になろうとも、あまり関心はなく、自由に働いていました。

しかし、その5年後、彼は大きな会社の社長を任されるまでに出世することに。別に出世を目指したわけではありません。周囲がそうさせたのです。

その背景を説明しましょう。

きっかけは、命にかかわる病気をしたことでした。

職場を離れ、病室で死と向き合う中、考えたと言います。

「人って、意外とはかないものだな。マイペースも悪くなかったけど、**たぶんこのまま死んだら、後悔するだろうな……**。本気で生きたと胸を張れるのだろうか……」

彼は、一命を取り留め、職場復帰を果たします。

その後の彼は私から見ても、別人のように生まれ変わっていました。

上司に対してどんどんアプローチをし、職場、事業を変えていったのです。

圧巻だったのが、事業提携の話が出た時のこと。経営ボードですでに決定していたのですが、その時、課長になっていた彼は、ある幹部を捕まえ、再考を促したのです。

「シミュレーションをしたところ、リスクがありすぎます。予定の提携先との関係性が悪化しないとも限りません。提携ではなく一部を任せる、といったスタイルに変更したほうがよいと思います」と。

しかし、いったんは決定したことです。

幹部は納得しつつも、「今さら……」と思ったことでしょう。

そこで彼は、この幹部にこのように提案したのです。

「よろしければ、私が1人ひとりの幹部に説明をしてまわります。その上で、再考していただくのはいかがでしょう」


まさに汚れ役。人が嫌がる仕事を自らやったわけです。

ここまでする人は、なかなかいないでしょう。


この件だけでなく、ほかのことでも、彼はフォロワーシップを発揮し始めていました。するとと、35歳まで平社員だった彼でしたが、じきに課長になり、その2年後には部長になり、さらにその2年後には大きな会社の社長を任されるまでになったのです。

「30人抜きで社長になった」といったニュースをときどき目にしますが、彼は**500人抜きの大抜てき**です。

あれから、10年。彼は、今もその会社の社長として陣頭指揮をとっています。

◉理想型のフォロワーに共通する考え方

彼と話して思うのは、理想型のフォロワーが、あまねく持っている考え方です。

彼は、こう言います。

「自分のことは、横に置いておかないと、正しい判断はできません。**すべてのことを〝わがこと（我が事）〟**と考えると、正しい判断ができる」

彼は、さらに、こうも言います。

「会社員にとっての〝わがこと（我が事）〟は、だいたい自分のことです。ただ、マイペースもいいのですが、そんな生き方をしていたら、いつか後悔すると思うんですよね」と。

彼の話を聞くと、フォロワーシップを発揮することは、自分の命の使い方、つまり生き方にも大きく影響することである、と気づかされます。

Point

理想型のフォロワーは、すべてのことを〝わがこと（我が事）〟と考える。

07

岩のように変わらない上司の考えを変えた、ある主任の方法

ＮＡＳＡの飛行士、マイク・マッシミーノ氏は言う。

「宇宙から眺めた地球は、天国より美しかった」と。

しかし、彼の言葉だけを聞いても、我々は感動することはできない。

⦿「百聞は一見にしかず」の効果

もし、上司が古い習慣に凝り固まった人だとしたらどうでしょう。

「うちの会社は絶対それはだめ」といったような、頑固な人はいませんか。


口で言ってダメなら、「見せる」ことです。

百聞は一見にしかずといいます。実際に目にすることで、心が動くことは多いもの。

これは、ハーバード・ビジネス・スクール名誉教授のジョン・Ｐ・コッター氏も言っている、リーダーシップのセオリーとして、定石《じょうせき》の法則。

コッター氏は言います。

人の意識を変えたいなら、「理性に訴える」より、「感情に訴えよ」と。

つまり、「見せる」ことを奨励しているのです。

コッター氏の著書『ジョン・コッターの企業変革ノート』（高遠裕子訳／日経BP社）には、こんな事例が紹介されています。

ある企業での話。その会社では、部材の発注を各工場で行っていました。

しかし、労力やコストのことを考えると、本部一括で発注するほうがメリットが大きいのは明らかでした。そこで本社は、各工場の幹部に、まずこの低いコスト意識に危機感を持ってもらおうと考えたのです。

その時の手法が、まさに「見せる」方法だったのです。

なんと、役員室のテーブルに、各工場がバラバラで発注している424種類の手袋をズラっと並べたのです。想像してみてください。テーブルの上に大量の手袋が積み上げられているわけです。かなりのインパクトを与えたことでしょう。

その時、各工場の幹部から出たセリフがこれでした。

「我々は、本当にこんなに多くの種類の手袋を買っていたのか……」

⦿あるホテルの主任がとった作戦

実際、私が取材したホテルでも、「見せる」ことの効果を感じるエピソードを聞きました。そのホテルは、パーティー、結婚式をすること自体がステイタスにもなる、そんな地域では老舗《しにせ》のホテル。

しかし、客数は減少の一途をたどり、売上もピーク時の半分以下になっていました。ちょうどその頃、転職で入社したのが、当時31歳の主任でした。

ある披露宴で、パサパサの冷えた尾頭付きの鯛がテーブルに並べられているのを見て、「これからの時代、これではやっていけない」と感じます。そこで調理長に意見を求めたのですが、「宴会の料理は、こういうものだ」と一蹴《いっしゅう》されてしまいます。

しかし彼は、あきらめません。

調理長を誘い、予約の取れない人気レストランに行くことにしたのです。

主任「この店、予約が取れないほどの人気店なんです」

調理長「確かに、味もいいね」

主任「調理長でしたら、これより美味しい料理がつくれると思うんです」

調理長「……」
主任「調理長の料理でしたら、我々、宴会部も、もっと集客ができると思います。料理でお客様を呼べるホテルにしませんか？」
調理長「……いいね」

こうして、腰の重かった調理長が、新しいメニューの開発に着手したのでした。
その甲斐もあり、今、そのホテルは、宴会だけではなく、食事を目的に来られるお客様も増えています。

さて、どうでしたか。見せる方法は、ほかに幾通りもあります。このように「現地・現物」を見せる方法もあれば、**「グラフで見せる」「お客様の声を映像にする」「アンケートをとる」といった方法もある**のです。
岩のように頑固な上司がいる場合の対策として覚えておきたいところです。

Point

岩のように頑固な上司は、「見せて」動かせ！

第3章

フォロワーシップを高める習慣

01

「トップ3％の基準」でチェック（全20問）

今、部長は何を課題としているのか。社長は何を思っているのか——。
上を見て仕事をする、といったことではない。
あなたならどうするか、ということである。

⦿上を見て仕事をするな！　上から見て仕事をせよ！

例えば、あなたが営業リーダーだとしましょう。

自分のチームの目標達成に向けて上司に様々な提案をする、といったレベルでは十分ではないのです。**フォロワーシップを発揮する上では、「2つ上の視点で考えているか」がポイント**。「自分が部長だったら」「自分が社長だったら」、そんな観点で考えることがフォロワーシップでは重要なのです。

上を見て仕事をするのとは、全く違います。

自分が上の立場だったらどうするか、ということ。

役割、役職を超えて、フラットに自分だったらどうするべきかを考える、のです。こう考えると、理想型が3％しかいないのもうなずけます。

さて、**あなたの状況をここでチェック**しておきませんか。

次ページで、20問（A：提言力10問＋B：率先力10問）のチェック項目を用意しました。自分に当てはまるものにチェックをつけた上で、得点の合計を出し、87ページの図（マトリックス）にプロットしてみてください。

20問のチェックをしてみると、思った以上に基準が高いと思われるかもしれません。しかし、次世代リーダー、つまり理想型のフォロワーに求められる基準は、このレベルなのです。私も最初のうちは、この基準に気づいておらず、上司の言っていることの意味を把握できていないこともありました。

「もっと、来ていいよ」

前にも述べたように、会社員時代に上司から何度か言われたセリフです。

当時は意味がわからず、戸惑うばかりでした。↙

A：提言力

1	職場に問題がある時、臆さずに「解決策」を上司に提言している	□
2	所属する組織の目標が、未達成になりそうなら、上司に対し「対策案」を提言している	□
3	水面下に隠れている職場の問題を把握しているほうだ（同僚との会話から）	□
4	その「水面下」の問題の解決に向けて、解決策を上司に提言した	□
5	職場の「問題、課題」を把握するため、直属の上司に時間をもらうことがある	□
6	職場の「問題、課題」を把握するため、2つ上の上司に時間をもらうことがある	□
7	日頃から、社内の「別の部署」の成功事例をチェックし、参考にできそうなことを探している	□
8	日頃から、「新聞、本、取材、見学」などから、社外の成功事例をチェックしている	□
9	いかなる上司でも、遠慮せず、本音で会話をするようにしている	□
10	今の会社の状況を危惧しており、自分がなんとかしないといけない、と思っている	□

Aの ✓ のついた合計数 □

B：率先力

1	同僚と上司の「橋渡し役」になっている（同僚が抱える不満を上司に届ける）	□
2	職場の問題があった時、自分が主体者となって解決に努めている	□
3	会議などで、上司が発表した後、積極的に質問、意見をするほうだ	□
4	上司の考えに対し、同僚が納得していない場合、自分が同僚と対話するようにしている	□
5	上司や同僚が動きやすくなるよう、関係部署との調整なども行うようにしている	□
6	上司が、方針を打ち出した時、「サポートできることはないか」と上司に確認をしている	□
7	上司に代わって、部分的にリーダー業務を代行している	□
8	上司から、重要なプロジェクトを任されている	□
9	職場の同僚と良好な人間関係を築けている（同僚に信頼されないと受け入れてもらえない）	□
10	基本的に、「役割・役職」を越えて影響力を行使しているほうだと自負している	□

B の ✓ のついた合計数 □

Point

理想型のフォロワーに求められるものをまずは把握しよう。

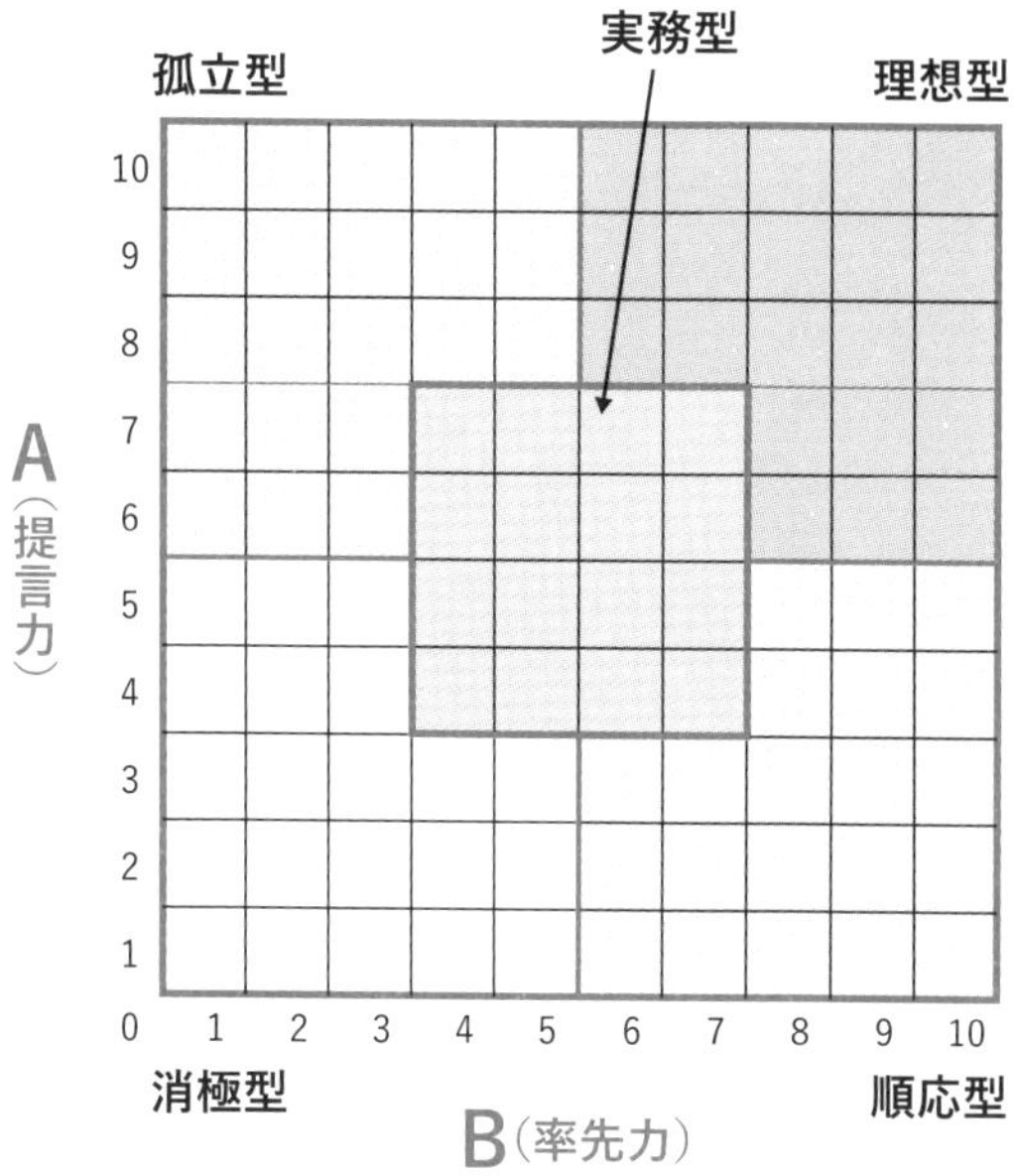

毎週、報告のための時間をとってもらっていたからです。

これ以上、行く理由がわかりませんでした。

でも、このチェック項目を知っていたら、迷わなかったでしょう。

「もっと、来ていいよ」は、業務の報連相ではなく、上司の考えを聞きにいくことや、役割を超えて現場の改善点を持ってきていいよ、といった意味だったことが、今ならわかります。

02

上司を「育てる」という発想

大臣は恐怖から王様が服を着ていないとは言えず、「良い服です」と嘘をついた。王様はその言葉を信じ、パレードを裸で行進してしまった（『裸の王様』より）。

⦿上司を成長させるのは、部下の存在

上司になると、次から次へと難問が襲いかかります。上司は、部下と一緒に対処するのですが、そのたびに、部下からの「この観点で考えるのはいかがですか？」といった忌憚《きたん》のない意見が、とても頼もしく感じるものです。

中にはイエスマンもいますが、上司にとってはラクな一方、頼りにはできません。自分の意見を言うだけの部下も、全体が見えていないので、頼りになりません。

頼りになるのは、参謀のような部下。

上司も気づかない、新たな課題を提示してくれる人です。

ではなぜ、彼らはわざわざ提言をするのでしょう。

彼らに共通するのは、「上司に気づきを与え、正しく導く」という発想を持っていることです。これをコーチングでは、コーチングアップと言います。

ここで、一流のプロ経営者の話をしましょう。

GEの副社長やLIXILの社長を歴任した、プロ経営者として有名な藤森義明氏が、自分に苦言を呈してくれる人がいなくなることを最大の危機と捉え、信頼できる人物をコーチとして雇っていたことは有名です（※①）。

管理職や幹部は、現場からズレた判断をする恐怖を感じ、また部下の期待から言動がズレることのリスクを常に考えているものです。コーチを雇わずとも、部下のフォロワーシップがあれば、常に軌道修正ができます。

あなたの上司も、あなたのフォロワーシップを求めているはずです。

ただ、部下から非難はされたくない、それが上司の本音です（ほとんどの人はそうです）。

そこで、オススメの伝え方を紹介しましょう。

DESC法で伝えてみてください。

相手の感情をケアする話し方として有名な話法です。次の流れで会話をします。

※①『リーダーシップの哲学』（一條和生、東洋経済新報社）

D（描写：Describe）事実を伝える　「最近、残業が増えてきています」
E（意見：Explain）意見を述べる　「このままでは離職者が出かねません」
S（提案：Specify）提案する　「こういった対策が考えられます」
C（選択：Choose）選択してもらう「部長は、いかが思われますか？」

この流れだと、抵抗感なく上司も受け止めることができます。
上司と現場との間にズレがある時、また効果的な課題設定ができていない時、意見交換の場を設けることをおすすめします。ＤＥＳＣ法で持ち掛けてみてください。

【提言力の4つのレベル】

さて、次に提言力をレベルで整理してみました。ＤＥＳＣ法の「Ｓ：提案」で何を言うかです。

レベル１　積極的な人　…　意見を言うにとどまる
レベル２　主体的な人　…　対策まで提案する
レベル３　支援する人　…　上司の課題を把握した上で、解決に努める

レベル4　参謀級の人　…　新たな気づきを示唆する（コーチングアップ）

最初はレベル1からでもOK。ただ、上司を育てるというレベルまでトライしてはいかがでしょう。それがレベル4。そうなると、あなたの影響力はより大きくなります。

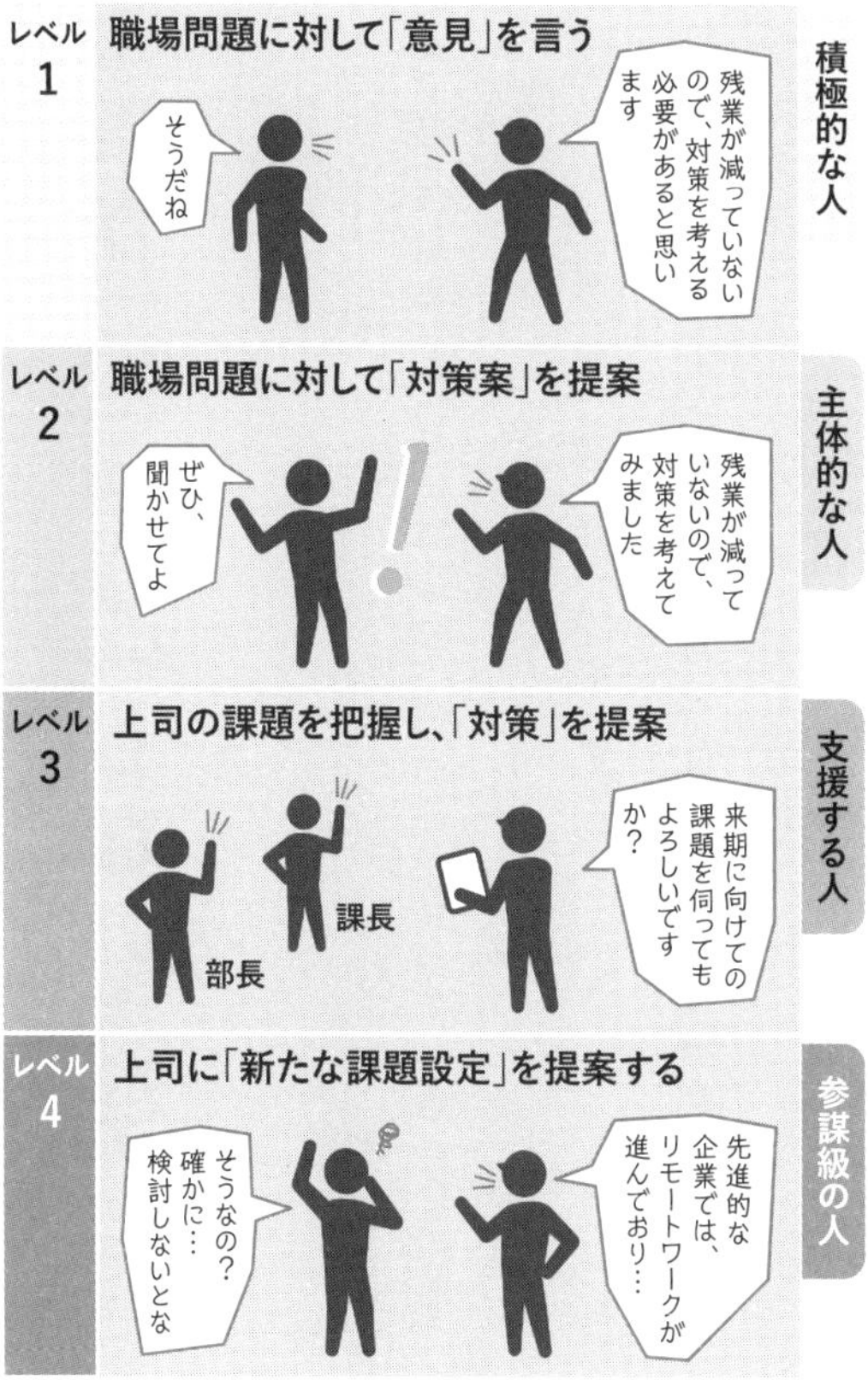

03

提言が「空回り」しない方法

「ウチの上司は、『こだわり』が強いのか、人の言うことは聞こうとしない……」

そこであきらめてはいけない。何にこだわっているかを知ることが先である。

◉「正しい提言」が、通るわけではない

せっかく提言したのに、それが仇《あだ》となることは避けたいところです。

若かった頃、私も失敗したことがあります。

「隣の事業部で開始したサービス、参考にしてみてはいかがでしょう」

と提言したところ、なぜか上司が不愉快な顔をしたのです。

「私は、あのサービスはセンスがないと思っている。アレを良いと思った伊庭君のセンスもまだまだだな」と。

決して、私が間違っていたわけではありません。

上司の価値観に合っていなかったのです。

せっかくの提言が仇となりました。

実は、その時の私は異動で着任したばかりで、その上司とはしっかりと会話したわけではなかったのです。

提言をする際、上司のフェアウェイ、OBゾーンを把握しておくことは、空回りしないためには重要なことなのです。

◉「空回りする部下」にならないために

なんだか面倒だな、と思いませんでしたか？

私も、以前はそのように思っていました。

この時も思いました。こんな面倒な上司は嫌だな、と。

ただ、それは間違いです。ほかの人たちはうまくやっているからです。

問題は上司にあるのではなく、やはりこちらの問題。

〝空回り〟しないためには、上司の「状況」「課題」を確認しておく必要があります。

やり方を紹介しましょう。


提言する前に、一回、上司の課題を確認するプロセスを入れてみてください。

こんな感じです。

【上司の状況・課題を確認する方法】

あなたが、職場の残業を減らせないかと考えていたとします。

ある会社で、19時になるとPCを自動でシャットダウンさせることが功を奏しているという話を聞き、それを提案してみたいと考えているとしましょう。

でも、上司が残業を課題と感じていないなら空振りになってしまいます。

そこで、提言する前に残業自体が問題なのかどうかを確認します。

「今も、残業の状況が改善に至っていないのですが、そのことは問題とされていますか？　それとも、問題とされていませんか？」（問題だよ。何とかしたい）
「解決に向けて、何が必要だと考えていらっしゃるのですか？」（皆が早く帰るように何か手を打たないと）
「ということであれば、面白い方法がありましてね、19時になったら……」

これだけです。こうして課題のすり合わせをしておきます。

また、これ以外にも、普段から上司に課題を確認しておくのもオススメです。面談の機会があるなら、最後に3分程度、時間をとってもらい、今の職場において上司が感じている問題、課題を聞くことも効果的です。

上司も忙しくて、なかなかゆっくり話す時間はないもの。**「逆面談」をするつもり**で、最後のほんの少しの時間をもらうのも、理想型のフォロワーがよくやる手段です。

ほかにも、**休憩時間やランチ**に行った時に、「最近、職場はどのように見えていますか？」と職場のことを問題にします。

そうすることで、上司の考えていることを把握できるでしょう。

良かれと思って提案したのに、「そうじゃない」と言われることほど、嫌なことはありません。まず上司の感じている課題をしっかり把握しておきましょう。

Point

上司の課題をしっかり把握しておくことが、空回りしない秘訣。

04

ロジカルさは、「武器」になる

「世界三大宗教は、キリスト教、イスラム教、仏教と習った。でも、そうとは言いきれない。信徒数でいえば、インドのヒンズー教が入る。だって、インドの人口は12億いるんだから（※②）」（オリエンタルラジオ・中田敦彦氏）

⊙当たり前のことに、「おかしい」と気づけるかが勝負

「上司は、こういう発言が好きだろうな」「上司は、こういう行動が好きだろうな」こんなふうに上司に合わせてしまう人っていませんか。

これでは組織の問題がいっこうに解決しないばかりか、むしろ問題を悪化させてしまいます。また、職場での信頼を失いますし、そもそも上司もバカではありませんので、迎合する人を見て「これではダメだな」と気づいています。

イエスマンは百害あって、一利なし。彼らは「立場」で考えます。

焦点を**「立場」ではなく、「効果」で考える**ことが不可欠。

※②『中田敦彦のYouTube大学』「日本人の思想の源流【仏教と神道】～前編～仏教の歴史とは？」の一部を要約。インドの人口は一般的に約13億人と言われている。

ここで重要なのが、ロジカルに考えられるか、です。

ロジカルに考えるようになると、上司の判断が論理的でないことが気になるでしょう。その疑問が、「提言力（Critical thinking）」を高めるのです。


ロジカルに考える簡単な方法があります。常に次の疑問を持ってください。

どんなに素晴らしい上司であっても、あえて、心でこうつぶやくのです。

「本当にそうか」「ほかにはないのか」、と。

例えば、百戦錬磨の営業課長が、「目標を達成するためには、電話でのアプローチ数を増やさねばならない」と言ったとしましょう。

でも、電話でのアプローチ数を増やす以外の目標達成方法もあるはずです。

縦軸の「提言力（Critical thinking）」を高めるためには、常識を疑い、たとえ尊敬する上司からの言葉であっても決して鵜呑《うの》みにせず、クリティカル（批評的）に考える習慣をつけることこそが不可欠です。

⦿ロジックツリーで考える

この時、ロジックツリーで考えると、さらにロジカルに検証できます。

ロジックツリーとは、左図中央のような「樹形図」のこと。これを使うと、「ほかにないのか？」「本当にそうなのか？」と考える上で、思考のスピードが速くなります。

例えば、売上を増やす方法について、ロジックツリーで考えるとこうなります。

ロジックツリー（樹形図）で考えると、ほかの要素に気づけるようになる

売上を増やすために
契約件数を増やす！
そのために新規獲得を…
モレなく、ダブリなく
要素を出す
売上
契約件数
単価
新規
既存
1個単価
購買個数
×
これ以外の要素がない
（契約件数×単価＝売上）
単価を上げる
方法もあるはず
だけどな…
リピート率
を上げる方法は
ないのかな…

このように「ほかの要素に気づけるようになる」のです。

でも、ロジックツリーなんて難しそうと思われたかもしれません。

コツは、要素（少なくとも最初の分岐）は、「モレなく、ダブリなく」出していくこと。売上なら、「件数×単価」ですし、利益なら「売上－費用」または、「売上×利益率」です。このように「掛け算」「足し算」で発想します。

最初は、多少、間違えていてもOK。「ほかにないのか？」「本当にそうなのか？」を考えることが目的です。

ロジカルな発想は、当たり前と思っていることでも、当たり前と思わない、そんなクリティカル（批評）力を高めてくれます。

Point

上司の判断に対して、「本当にそうか？」「ほかにはないのか？」と考える習慣をつけよう。

05

「2つ上の視座」から見る〝地図〟を手に入れよ

「2つ上の上司」を経験したことはない。でも、「教わっていない」「経験していない」とも言えない。かといって想像力に頼ると迷子になる。頼るべきは地図である。

◉「経験したことのないこと」を想像するコツ

「2つ上の視座から見なさい」は、フォロワーシップの肝《きも》としてよく語られます。

ただ言うのは簡単ですが、経験したことのないことをイメージするのは難しいもの。行ったことのない場所を旅行する際には、地図が不可欠でしょう。

同じように、**経験したことのないことを想像する時も、地図となるものが必要です。**

それが、ビジネスフレームワークです。

組織の問題、事業の問題など、仕事においては、フレームワークを知ることで、2つ上どころか、3つ、4つ上の視点から、発想ができるようになります。

あくまで一例ではありますが、具体的なフレームワークを紹介します。

①組織の課題をスピーディーに把握できる【フレームワーク】7S

組織課題を把握する際の要素を7つに分類した、万能フレームワーク。

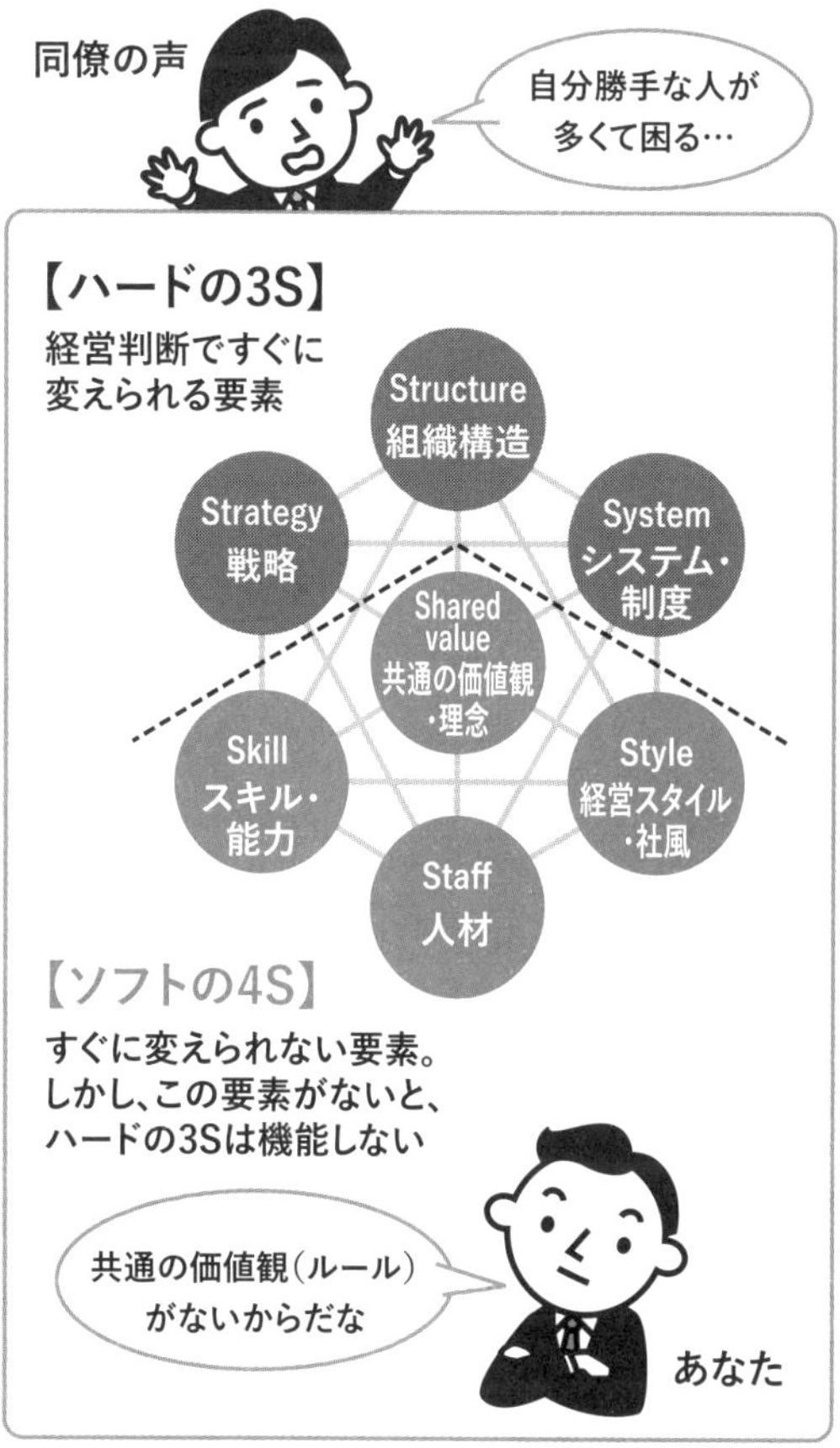

②正しいマネジメントができているかを把握できる

【フレームワーク】バランススコアカード

「財務」「顧客」「社内（業務）プロセス」「学習と成長」のつながりでクリティカルパス（結果への重要な道筋）を把握し、何をマネジメントすべきかを決める手法。

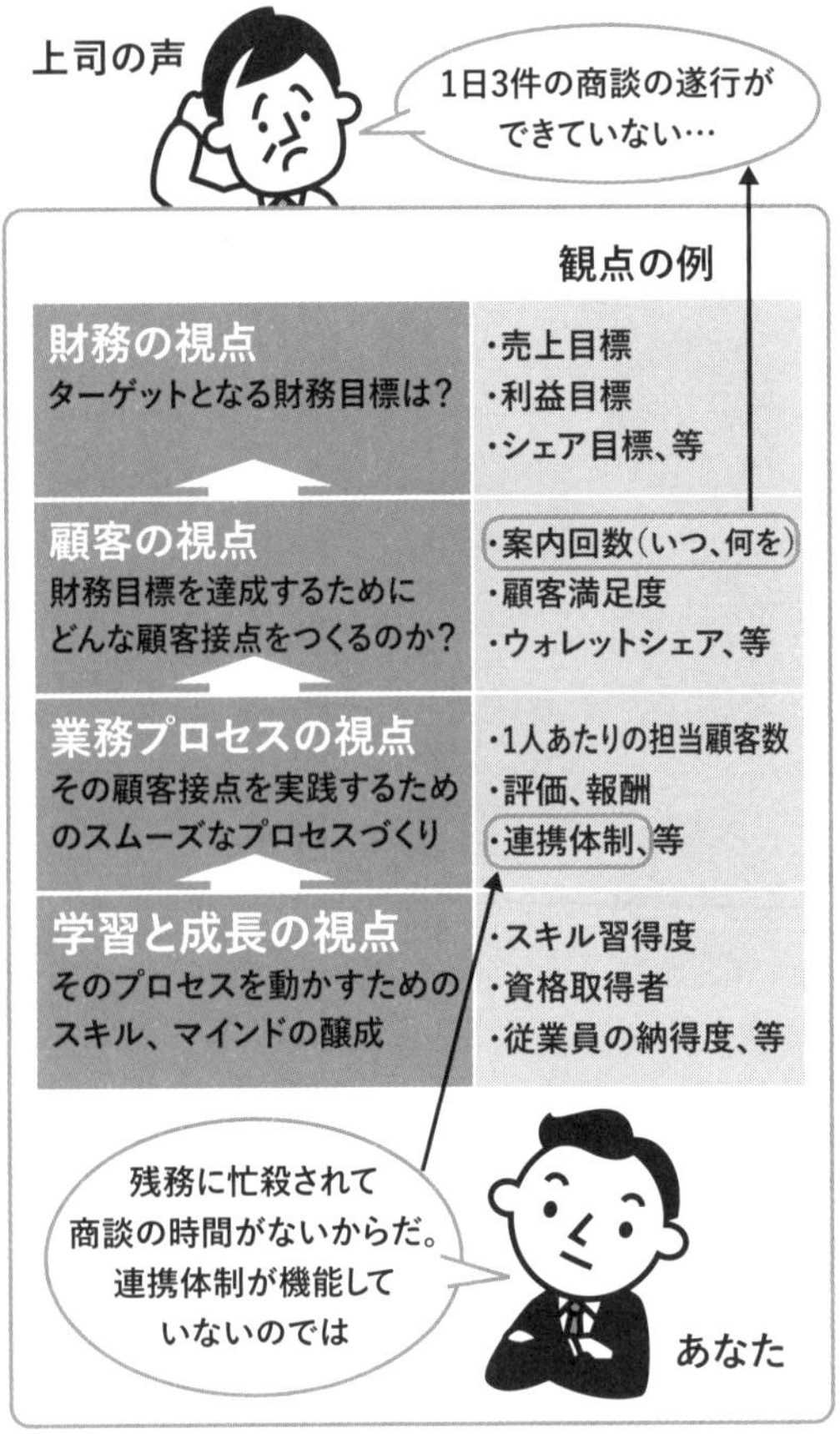

上司の声
1日3件の商談の遂行ができていない…
観点の例
財務の視点
ターゲットとなる財務目標は？
・売上目標
・利益目標
・シェア目標、等
顧客の視点
財務目標を達成するためにどんな顧客接点をつくるのか？
・案内回数（いつ、何を）
・顧客満足度
・ウォレットシェア、等
業務プロセスの視点
その顧客接点を実践するためのスムーズなプロセスづくり
・1人あたりの担当顧客数
・評価、報酬
・連携体制、等
学習と成長の視点
そのプロセスを動かすためのスキル、マインドの醸成
・スキル習得度
・資格取得者
・従業員の納得度、等
残務に忙殺されて商談の時間がないからだ。連携体制が機能していないのでは
あなた

ほかにも多くのビジネスフレームワークがあります。ネットにも載っていますが、どの用途にフィットするかがわかりにくいので、ビジネスフレームワークの本を1冊買うことをおすすめします。

『ビジネスフレームワーク図鑑　すぐ使える問題解決・アイデア発想ツール70』（翔泳社）はイラストが多いので読みやすいですし、『ビジネス・フレームワーク』（日経文庫ビジュアル）は新書でコンパクトながら69個のフレームワークが紹介されています。

この69個を全部覚える必要はありません。私が使っているフレームワークを確認すると、このうち45個。実際、これだけあれば、ほとんど困りません。

まずは、**10個を目標に覚えるといいでしょう。**

どの本も載っているフレームワークに大きな違いはありませんので、読みやすいものでOK。2つ上の上司の視点どころか、社長の視点から会社を見られるようになります。それがフレームワークの効果です（第5章でも、おすすめのフレームワークを紹介します）。

Point

ビジネスフレームワークを学ぶと、社長の視点で会社を見られるようになる。

06
FAX、メール、SNS、さて、次は？

「いくら郵便馬車を列ねても、それによって決して鉄道を得ることはできない」（ヨーゼフ・シュンペーター）

◉新しいアイデアに挑戦する

理想型のフォロワーになるための絶対的な条件があります。

「経験」を超えた発想ができることです。

「以前の職場で、この手法で結果が出ました。どうでしょうか?」と経験則で提案するだけでは、とても3%に入れません。経験で発想しているからです。

20年前は、FAXを使ったDMが効率的なマーケティング手法として隆盛を極めていました。今は、メールでもなく、SNSを使った広報でしょう。

トップ3%の人材になるためには、経験をしていない、いわゆる「経験を超えた発想」ができるかどうかが大きな鍵になります。

では、何をすれば経験を超えられるのか。それは、今の**職場を超えて、社内、社外の「ベストプラクティス（成功事例）」に数多く触れておくこと**です。

マーケティング手法の話ですと、5Gの導入と普及によって、通信速度は4G（LTE）の10～100倍もの高速化が期待され、動画、ライブストリーミングを利用した手法に変わっていくでしょう。それを見越して、今からそうした手法を実験してみる――そんな観点が必要なのです。

別の例でも考えてみます。例えば、テレアポで顧客を開拓している営業組織にいたとしたなら、テレアポの改善策を提言するだけでは不足している、というわけです。

他社の成功事例を知ると、アイデアは思い浮かぶものです。

・SEOやリスティングで、ネットから集客できないかな？
・販売代理店を開拓したら、開拓のスピードは高まらないかな？
・M&Aをすれば、時間と労力のムダを解消できるかも。
・5G時代を見据えて、動画マーケティングにトライできないかな。

今までやったことがない、そんな大胆な選択肢を考えられるかが鍵になるのです。

⊙社内のベストプラクティスへの感度を高める

まだ、あります。社内の関連部署におけるベストプラクティスも有効な情報です。

ですので、「日頃から他部署の人と接点を持つ」「興味のある成功事例があれば聞きにいく」といった、**組織や事業を超えた行動を起こすことが大切**となるわけです。

「社長になる人は違うな」と思ったことがあります。

前職で新規事業を担当していた時のこと。ある手法を使って、売上を急拡大させたことがありました。すると、関連会社の方から「教えてほしい」と連絡がきたのです。

管理職になったばかりの30歳くらいの若い人でした。

社内報に小さく掲載されていた記事を見て、連絡したとのことでした。

フットワークの軽さとともに、アンテナの感度が高い人だな、と感心したものです。

やはり、優秀な人だったようで、その後、彼はヘッドハンターから声がかかり、今では、30代にして、東証一部上場企業の社長をやっています。

⊙できる人が、新聞やビジネス書に目を通す理由

研修で講師として登壇する際、受講者に尋ねることがあります。

「日経新聞、もしくは地元新聞、ビジネス書、専門誌を読んでいるか」、です。

私の研修で確認をすると、読んでいる人は1割程度。

インプットの少ない人は、経験からしか発想できないため、理想的なフォロワーにはとてもなれません。前章で、本田技研工業のエンジニアが「アメリカの論文」を読んで「環境対策が必要になる」と気づいた、というエピソードを紹介しました。

「良質のインプット」によって、人が気づかない問題に気づける人になるのです。

「ネットニュースではダメなんですか？」という質問もよくされます。

多くのネットニュースは情報量が不足しているか、1人の論客の論に過ぎないことが多いもの。単なる「物知り」で済ませず、「情報を活かす人」になるには、ネットニュースに加えて、書籍や新聞によるインプットが必須と考えてください。

Point

良質のインプットを続け、「経験」を超えた発想ができる人になろう。

07

「率先力」を高めておく

「今は洗面所に飛び散った水を拭く人が増えました。前は誰かが拭くと思っていたのです。社員の意識が変わってきました」
（V字回復を果たしたアパレル会社社長の言葉）

◉「誰かがやってくれる」と思わないこと

「そんな考えでは、ダメじゃないかな」

ある接待の席で、出た発言です。

席を囲むのは、接待をする会社、接待を受ける会社それぞれの社長と部長と主任の計6人。

接待をする側の主任が、こう言ったことがきっかけでした。

「ウチの会社、遅れているんですよね。残業も当たり前ですし……」

場を和ますつもり、もしくは謙遜で言ったセリフでした。

しかし、接待を受けるほうの社長は、あきれた顔で尋ねました。

「それに対して、あなたは、どうしようと思っているのですか？」

主任は答えます。

「え、それは、人事で考えてもらって……」

「そんな考えでは、ダメじゃないかな」

というわけです。


職場の問題は、自らが解決すると思えているのかどうか、そこが重要。

この時、「誰かがやってくれる」ではなく、「自分がいるうちに何ができるか」を考えます。この発想こそが、率先力を高めるためのポイントになるのです。


職場や事業の問題においては「自然治癒」は期待できません。

時間の先延ばしをすることなく、あなたがしっかりと治療をしておく。

これがトップ3％の人材の考え方です。

⊙率先力の「レベル」を把握しておこう

ここで、率先力もレベルで整理してみました。

多くの場合、レベル1、2、3でも評価されますが、トップ3%の人材を目指すなら、レベル4のリーダー代行までできるようになりたいもの。

レベル1　積極的な人　…　会議等で意見・質問をする（黙らずに）
レベル2　主体的な人　…　上司と同僚の橋渡し役になる（情報を伝える）
レベル3　支援する人　…　上司・同僚が動きやすくなるように根回しをする
レベル4　参謀級の人　…　ある業務においてリーダーの代行をする

いかがでしょう。やるべきことが見えやすくなりませんか。今すぐはレベル4までできなくても、半年、1年など期限を決めてトライしてみてください。

辞令を待たずに、「私がやりましょうか」と、ある業務において自らがリーダーの役割をやってしまう――そんな積極性を社長や幹部は望んでいます。早いもの勝ち、やったもの勝ちの精神が大事です。

Point

職場の問題は、「誰かが解決してくれる」ではなく、「自分が解決する」。

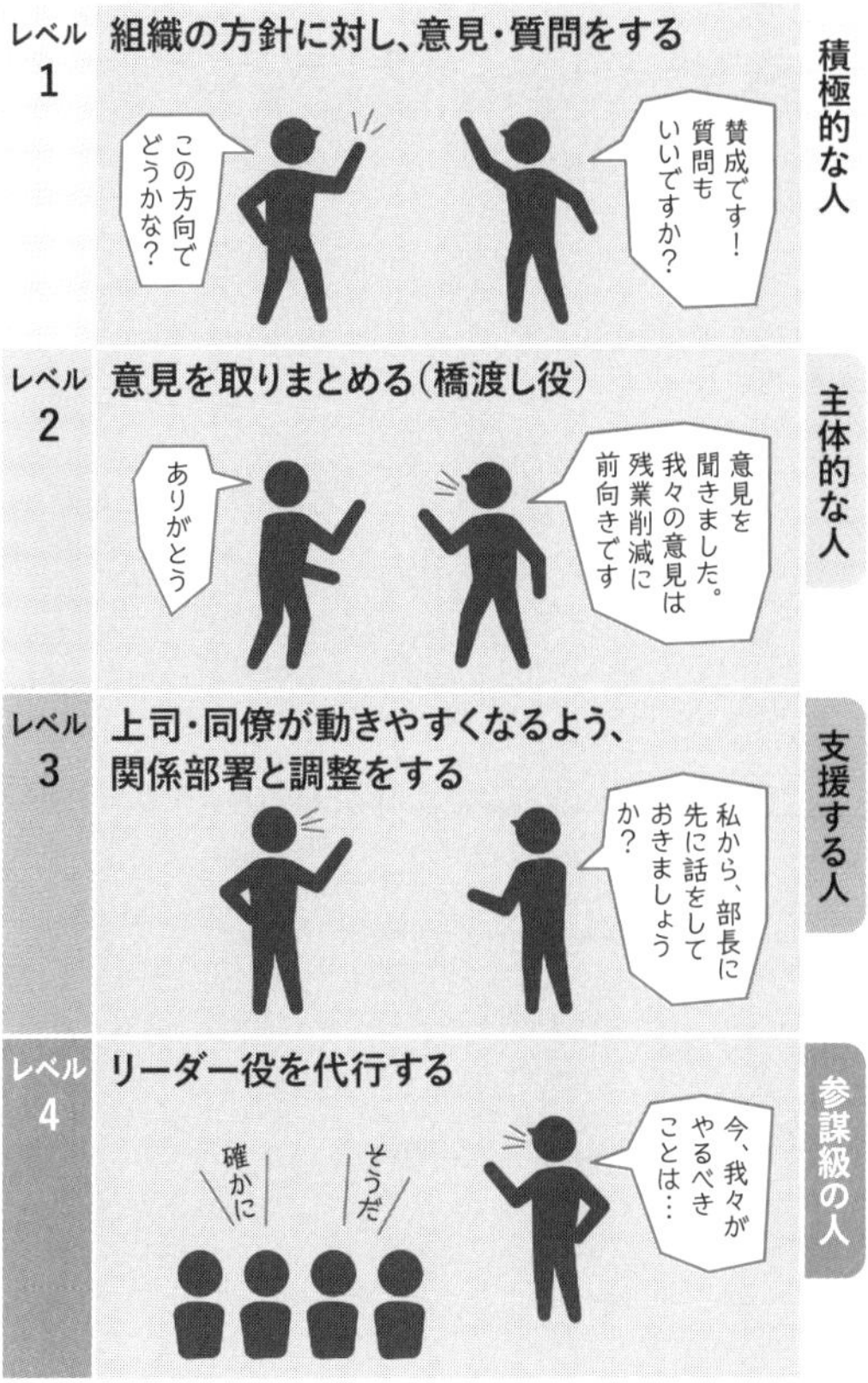

08

常に「2：6：2」で考える

新しいことをする時、必ず反対する人がいるが、こう考えるとスッキリする。必ず「2：6：2」の割合だと。

⊙自分の「立ち位置」を意識する

「2：6：2の法則」をご存じでしょうか。

職場の人材は、積極的な人2割、どちらでもない人6割、反対する人2割に分かれるという法則を指したものです。

上司が方針を示した時も、やはり次のように分かれます。

率先して行動をとる人：2割
様子を見ながら判断する人：6割
後ろ向きな反応を示す人：2割

トップ3%の人材を目指すなら、「組織としてやるべきこと」だと、あなたが判断した時、**「上位2割」の意識を持って、自発的に行動を起こすことが重要**になります。

最もわかりやすいのは、所属する組織の目標達成が厳しくなった時。営業組織なら課や部の営業目標ですし、商品企画の部署なら商品の販売目標かもしれません。

6割の人は、「なりゆき」を見ながら、とるべき行動を判断します。

組織が本気で達成を目指すなら、自分もアクセルを踏み、組織がそこまで本気でないと思えば、そこまで本気にならない。つまり、組織の「なりゆき」で判断するのが6割というわけです。

ここで、トップ3%を目指すなら、上位の2割に入っておくだけでは不十分。組織がそこまで本気でなかったとしても、自ら率先して職場のメンバーを集め、対策を一緒に考えるべきなのです。

6割の人は、自分と組織を分けて考える傾向があります。

一方、理想のフォロワーは、組織と自分を分けて考えておらず、常に「We」の発想で考えているのです。これは、上位3％のビジネスパーソンになる上で、とても重要な考え方になります。

⊙下位2割へのアプローチは、あなたの仕事

組織の方針が変わる際、必ず反対する人がいます。

先ほどの下位の2割の人です。

下位2割は、変わることへの抵抗を持っているので、上司の言葉も素直に耳に入らない、といった状況になりやすいもの。

この時、抵抗する2割を説得する役割を担うのが、上位2割の人です。

私も同様のことがありました。まだ管理職になったばかりの頃のことでした。

新たな方針を打ち出したところ、あるベテランからこう言われました。

「伊庭さんが来てから、新しくやることが増えた。しんどいです」と。

会話を重ねても、感情的に「嫌なものは嫌。それでも、やれと言うなら、やりますけどね」と関係がこじれかけたのです。

そこで、賛同してくれていたメンバー（上位2割）に相談したところ、「じゃ、私が

話しますね」と彼から話をしてくれることに。

上司ではなく、同僚から言われたら、素直に聞きやすいもの。

「今、変わらないと、先が厳しくなるのではないですか？」と同僚から言われたら、納得しやすいでしょう。もし、このセリフを上司が言ったら、場合によってはクビを宣告されているような不安を与えてしまいかねません。

このように、抵抗をする人がいたら、上司に代わって話を聞く機会を持ち、必要に応じて説得をする、これも立派な役割になります。

組織はリーダーだけでは、とても回せません。上位2割のフォロワーの自発性があってこそ、組織は健全に回っていくのです。

トップ3％の人材になるためにも、まずは上位2割の自覚を持つことが不可欠なのです。

Point

組織内の反対派を上司に代わって説得するのも、理想型フォロワーの重要な役割だ。

09 「自分のことは差し置いて」の感覚を持つ

「これは、放っておけない」――その感覚を持てた時、人は強くなれる。職場の仲間、お客様のことが〝大切〟だと心から思えた時、放っておけないことが増える。

⊙誰のためにフォロワーシップを発揮するのか、という視点

「そこまでしてフォロワーシップを発揮する意味がわからない」

人によっては、そう思うことがあるかもしれません。

フォロワーシップを発揮する人の多くは、出世のために、ここまで頑張っているわけではありません。

誰のために、何のためにフォロワーシップを発揮しているのか――。これが明確でなければ、エネルギーはそこまで出ません。

「自分のために」

これでいいのです。

自分のためにフォロワーシップを発揮する、これでいいのです。

ただ、これは個人主義、自分勝手、というのとは異なります。

多くのリーダーが言うセリフがあります。それが、この２つ。

「自分を犠牲にしているつもりもないし、貢献のためにといえば違和感がある。人が喜ぶ姿や、人が成長する姿を見た時に、ただ自分は喜びを感じる」

「このまま放っておいては、良くならないのがわかっているなら、自分がやっておいたほうが気持ちいい」

つまり、**人の喜びを自分の喜びにすることができるなら、フォロワーシップは自然の行為となる**わけです。この考え方がある人とない人とでは、自ずと影響力は変わってきます。

◉後天的に鍛えられる

私にもこんな経験があります。私はもともとプレイヤー気質でしたので、組織のために何かをするというよりは、自分の業務スキルを上げることばかりを考えていました。組織は組織。自分は自分。それが、社会人になった時のスタンスでした。

でも、その考えを一変させる出来事があったのです。

期せずして、役職のない自分が組織を動かしてしまった経験をしたのです。

20年以上前の昔話として聞いてください。

どの会社も昔は、残業まみれでした。私が勤めていたある職場もそうでした。

ある時、過労のため、同期が病院に運ばれたと聞いたのです。ショックでした。

時を同じくして、私の先輩も過労のため入院し、別の先輩も吐血して入院しました。

ストレス性の胃潰瘍とのことでした。

この事態はもはや他人事ではなく、すぐに解決しないと、と考えました。

「自分が動いたほうが早い」と思い、支社長に相談に行ったのです。

思えば役職を4段階も飛び越しての直談判でした。

その時、自分でも、説明ができないエネルギーが湧いていました。

支社長は、ノートを片手にじっくり話を聞いてくれました。

1ヵ月後、全社残業削減委員会が発足し、一気に残業削減に会社が動いたのです。

この時、思いました。

声をあげることは大事だ、と。誰にも意見を言う権利はあるし、役職がなくても組織は動かせるのだから、ただ文句を言っている場合ではないな、と。

それ以来、組織は自分でも変えられるもの、と捉えることができ、見方が明らかに変わりました。自分の役職やポジションにかかわらず、声をあげる——。この成功体験は、その後の自分のビジネス観を変えました。

職場で放っておけないことはないでしょうか？

もし、あるなら、あなたから動く、そんな選択肢を持つことを強くおすすめします。

組織は、あなたのチカラで動かせます。

Point

今の職場や組織で放っておけないことがあるのであれば、あなたが声をあげよう！

第4章

職場の「複雑な問題」を解決する方法

01

「見えない問題」に気づく人になる習慣

「三年ほどぼやぼやしてるともうすっかり地位が変わってしまうほど、商売も激変する時代である」（約50年前の昭和44年、松下幸之助氏が社員に語った言葉）

◉問題に「気づける人」になれ

いつの時代も経営に安定という言葉はありません。

右記のパナソニックの創業者・松下幸之助氏の言葉もそうですし、アマゾンCEOのジェフ・ベゾス氏も、こう言い切っています。

「アマゾンもいつかは崩壊する」、と。

あなたの会社でも、社長が、「今こそ、危機感を持ちましょう」と言っていませんか。

社長たちには、そのことが見えているのです。

現場の一線を担う中堅社員こそ、手遅れにならないよう、もっと、早く問題に気づか

ないといけないわけですが、どのようにすれば、早く問題に気づけるのでしょう。第3章で紹介した、良質のインプットによって今の状況の不足に気づく方法も効果的ですが、実はもう1つあります。

さすがに3年後を想像するのは難しいかもしれませんが、まずは、1年後を見るようにしてみてください。その上で、こうしてみてください。

1年後を「点数で評価してみる」、これを習慣にするのです。

では、やってみましょう。1年後のことを考えて、次の質問に答えてみてください。

①1年後、あなたの職場は、万全でしょうか？（10点満点で、何点ですか？）

②1年後、あなたの会社が提供するサービスのお客様満足度は大丈夫ですか？（10点満点で、何点ですか？）

今は、即答が難しかったかもしれません。実は何点でもよいのです。

大事なことは、先のことに関心を示すこと、そして何があれば10点になるか、その要素を自分なりに考える習慣があるかどうかなのです。

私のフォロワーシップ研修でも、いつも確認しているのですが、今まで、10点満点で10点と言った人は誰もいません。10年以上も増収増益を更新し続け、超優良企業としてマスコミで紹介されるような会社の社員であっても、平均は6〜7点くらいです。

人が羨《うらや》むような業績を出し続けている企業の従業員も、点数は変わりません。大事なことは点数ではなく、見えない問題に気づけるチカラなのです。

⦿危機感の精度を高める

ただし、自分の仮説だけでは思い込みになりかねません。自分で評価するだけでなく、同僚や上司、またはお客様に尋ねる方法も効果的です。自分の評価だけだと、どうしても偏りが出てしまいます。

方法は2つ。

①会話で聞く
②サーベイ（アンケート）で確認する

私のおすすめは、お客様には「会話」で尋ね、職場の状況は定期的に「サーベイ」で

把握する方法です。お客様の不満や不便というのは、わざわざ言うほどでもないことが多く、アンケートではわからないことが多いからです。一方、社内はアンケートがおすすめ。部下、同僚、上司が設問に答え、組織の見えない問題を多面的、定期的に把握できるようになり、改善度の進捗も把握できます。

おおげさにせずとも、無料のアンケートツールを使う方法もあります。「サーベイモンキー」もその1つ。無料のベーシックプランでも設問のテンプレートを使えますので、とても便利です。

できる人は、**問題をネガティブなものと捉えず、成長の機会**と捉えています。むしろ問題がないことを恐れます。問題は、探してでも見出す、そのくらいの姿勢が、経営者マインドと言えるのです。

Point

職場や事業の1年後の姿を考えると、早く問題に気づけるようになる。

02

会議室は「満室」。でも、「満席」ではない？

満席の関西のカフェで、レジ前で待たされている3人連れの客が怒っていた。

「満席ちゃうやないかい！　カウンター、あいとるがな」と。

従業員は、「3人連れはテーブルのはず」と思い込んでいたのだ。

◉難しい問題を解決する「正しい手順」

最近、どの会社でも、会議室が足りないといった問題が頻発しています。

多くの職場で悩みとなっている問題でしょう。

そこで、「外部の会議室を借りるべき」といった提案を上司にするのも悪くはないのですが、それだけでは検証が十分とは言えません。

そもそも、会議室不足の「本当の理由（真因）」をたどると、外部会場を借りずとも解決できる可能性もあるわけです。まず、検証の手順があります。それがこれ。

①仮説を立てる（ひょっとしたら、解決のヒントはここかも）

②事実を細かく見る（一度、きちんと見てみよう）
③新たな仮説（課題）を立てる（こうすれば、いけるんじゃないか？）

この流れで考えると、複雑な問題も解決できるようになります。

⦿凄腕の総務スタッフ

ある大手企業の話（※①）。その会社でも、会議室が足りない状況に陥っていました。
しかし、その会社の総務には、複雑な問題を次々と解消する凄腕の人がいたのです。

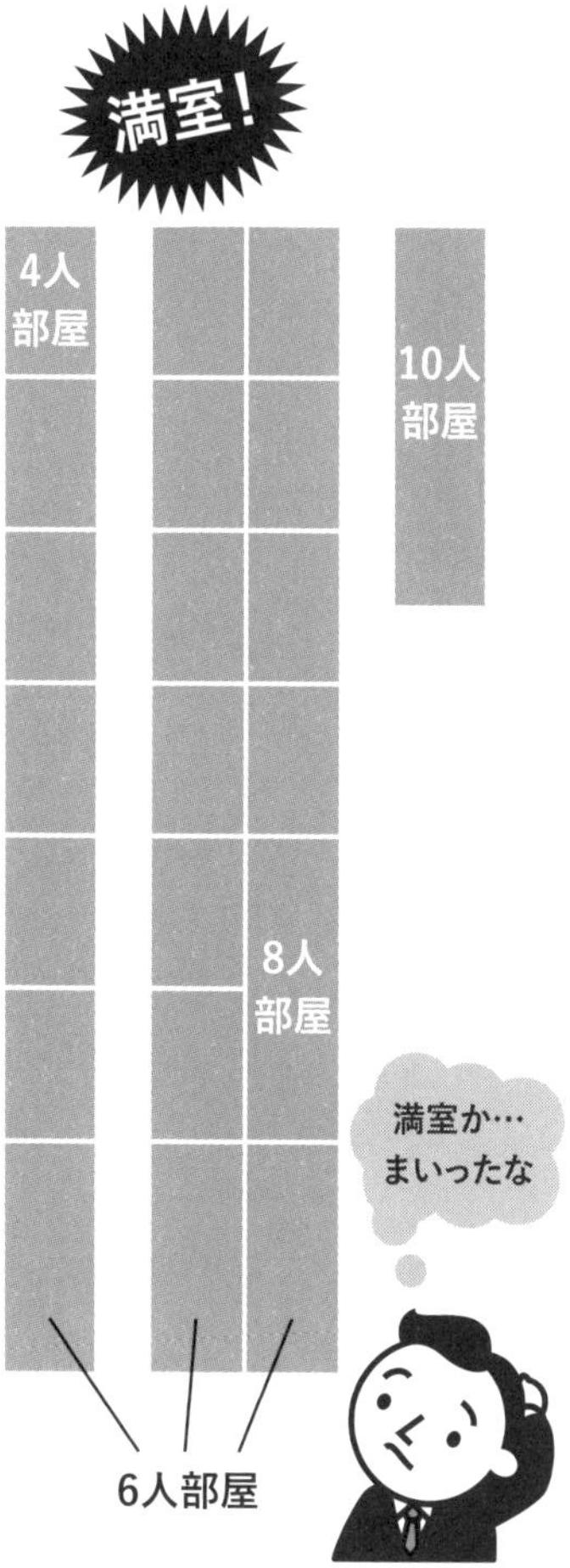

※①『ダイヤモンド・オンライン』（2019年4月17日）「会議室不足」を改善したリクルートのアナログな方法

話を簡単にするため、少し数字をシンプルに加工して事例を紹介しましょう。

会議室は、常に全部屋が満室の状態。

図にするとこんな感じです（前ページの図を参照）。

あなたなら、こうした状況に対し、どんなアプローチを考えますか。

〝凄腕の総務〟は、次のような仮説を立てました。


「部屋は『満室』だけど、『満席』ではないのではないか」

8人部屋を5人で使っているケースもあるだろうし、そうなると空席の椅子もあるのではないのか、といったことを考えたのです。つまり、「部屋」ではなく「席」で見ると、まだ余裕があるのでは、という仮説を立てました。


次は、事実の把握です。

予約時に参加人数を記載はするのですが、その記載が正しいとは限りません。

事実を把握するには、トヨタ自動車のメソッドとしても有名ですが、やはり現地・現物を見るのがセオリーです。

〝凄腕の総務〟は、実態を把握するために、センサー（刺激を与えればカウントする）を椅子の座面に張り付けたのです（座布団で覆う）。

するとも、6人部屋にもかかわらず3人で利用しているなど、部屋は満室であっても、細かく座席数で見ると、まだまだ余裕があることがわかったのです。

そこで、解決に向けての課題を設定します。

「部屋の仕切りを変えることだけで解決するのではないか……」と。

そこで、椅子の利用率が最大化するように部屋の間仕切りを変えたのです。

これだけで、会議室問題が一気に解消したのでした。

「部屋単位」ではなく「席単位」で見ると空席が!

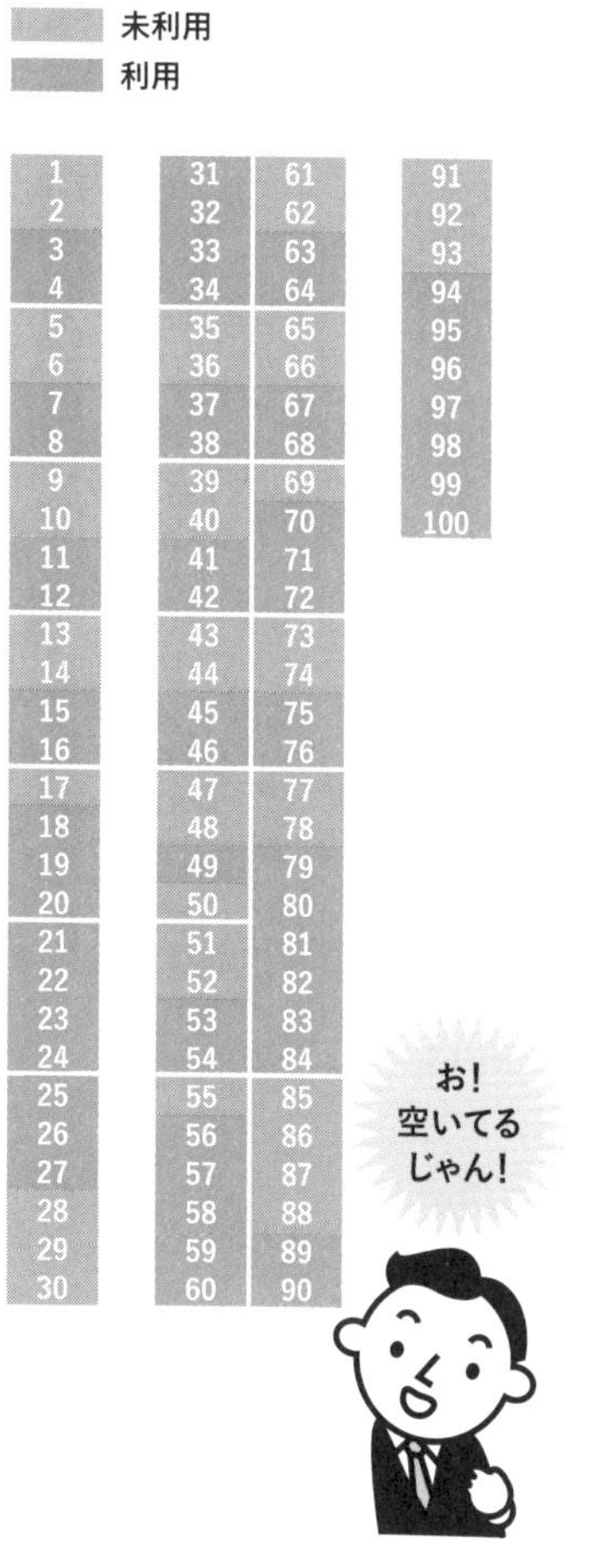

◉個室トイレの長居問題は解決できるのか……

ちなみに、この総務では、ほかに**「トイレの長居問題」も解消**しています。

まずは、2つの仮説を立てました。

・ピークタイムの個室トイレ利用人数が多すぎる
・個室トイレの利用時間が無駄に長い（用を足す以上に）

そこでまず、後者を課題とし、対策を考えました。

事実を知りたいものの、トイレの個室にセンサーをつけるわけにはいきません。ヒアリングを行い、利用時間が長い原因の仮説を立てることにしました。その結果、スマホを触るなど、個室が〝くつろぎ空間〟になっているのでは、と考えたのです。

ゆえに、電波が届かないようにすることも考えたそうです。

しかし、緊急避難の際、危険とのことで却下。

そこで、課題の設定です。

まずは「長居をしにくくする」ことを課題にしました。

その具体策として、「待っている人」がウェイティングをアナウンスするチャイムを設置することにしたのです。全トイレに設置しても、３万円程度で済んだと言います。

効果はてきめん。電波を遮断せずとも、**待ち時間が、約半分にまで短縮された**というのですから驚きです。面白いことに、実際にチャイムを鳴らす人はいないらしく、チャイムがあること自体が長居の抑止力になっているというのですから、やってみないとわからないこともあるものです。

さて、このように一見すると複雑な問題でも、正しい手順を踏めば、解決できるのです。手順とは、「仮説」を立て、「真因」を特定し、「課題」を設定すること。あなたの職場に「困ったこと」があるなら、ぜひトライしてみてください。

Point

一見、複雑な問題でも、正しい手順を踏めば解決できる！

03

「トレードオフ」の難問は、こうクリアする

厳しいノルマを課したら、我慢できずに離職する人が増える。旅行、パーティーでご機嫌をとっても、構造的には「我慢できない熱湯の中で、おいしいケーキを食べる」ようなものでもある。過酷な環境であることには変わりはない。

⦿プライベートな問題より複雑な職場問題

トレードオフとは、一方を追求すれば他方を犠牲にせざるを得ない状態を言います。「今は仕事に専念。恋をしている暇はない」というのも、トレードオフの状態（「仕事をとれば、恋はできない」「恋をとれば、仕事はできない」）と言えるでしょう。

職場のトレードオフは、もう少し複雑です。良かれと思ってやっていることが、実は、トレードオフの構造になっていて、かえって仇となっているケースも少なくありません。

なかなか解決しない問題があるなら、トレードオフを疑ってみてください。

そんな隠れトレードオフのケースを紹介し、対処法を紹介します。

【トレードオフ事例①　働き心地を追求するほどに、職場の雰囲気が悪くなる】

例えば、働き心地を良くすることを目的に、フリーアドレスにし、直行直帰を奨励し、自宅勤務もＯＫにしている会社は増えています。

一見すると、天国のようにも思えます。

しかし、その副作用として、職場のコミュニケーションが希薄になり、その会社の強み（らしさ）が弱まっていたり、新人が困っても誰にも相談できない（先輩が事務所にいないため）、といった問題が起こっています。

このように、働き心地を追求するほどに、働きにくい環境になってしまっていることがあるのです。

【トレードオフ事例②　若手の抜てきを促進するほどに、苦しむ若手が増える】

社内の活性化を図るために実施する、若手の抜てきも同様です。

若手が抜てきされるということは「年上部下」が増えることを意味します。

今や、年上の部下を持つ課長は約半数にもなる時代(※②)。

一方、ラインから外れた「年上部下のやる気の低下」も問題になっています。私の研修でも、「年上部下の非協力的な対応」に悩む年下上司からの相談は、年々増えています。若手を活性化させる施策が、若手を困らせる施策になっているわけです。

【トレードオフ事例③　優しいマネジメントをするほどに、部下を苦しめる】

営業現場で頻発している悲劇があります。

営業マンのテレアポの数が少ないままに黙認されている職場が多いのです。

もちろん、テレアポ数が足りていないので、目標は達成しません。

でも、リーダーは言います。

「テレアポは面白くない作業なので、強く要求すると離職につながるから」と。

一見すると優しいように見えます。

でも、その結果、未達成になる行動を部下にとらせてしまっているという、罰ゲームのような状態になっているのです。

※②産業能率大学「第4回 上場企業の課長に関する実態調査(2018年)」

⊙手ごわい問題は、「3つの対策」で解決する

さて、このような**手ごわい問題を解決する際は、システムシンキングを使う**といいでしょう。ＭＩＴのピーター・センゲ氏らによって提唱された、問題解決の手法で、「様々な要因のつながりを把握した上で解決策を探す」手法です。

システムシンキングでは**「ループ図」**というものを使います。本来は幾通りもの「ループ図」があるのですが、ここでは、私がよく使う〝万能なループ図〟を紹介します。次ページの図をご覧ください。ここでは、２つのループが回っています。「対症療法」のループと「根本的解決」のループです。

では、先ほどの事例にもあった「テレアポを増やすと離職につながる」といった問題の解決策を考えてみましょう。

まず、次ページのループ図に当てはめて考えます。

ループ図は、普遍的な因果関係を整理した地図ですので、ループ図に従って対策を考えていくだけでよいのです。

複雑な問題は、2つのループを回せ！

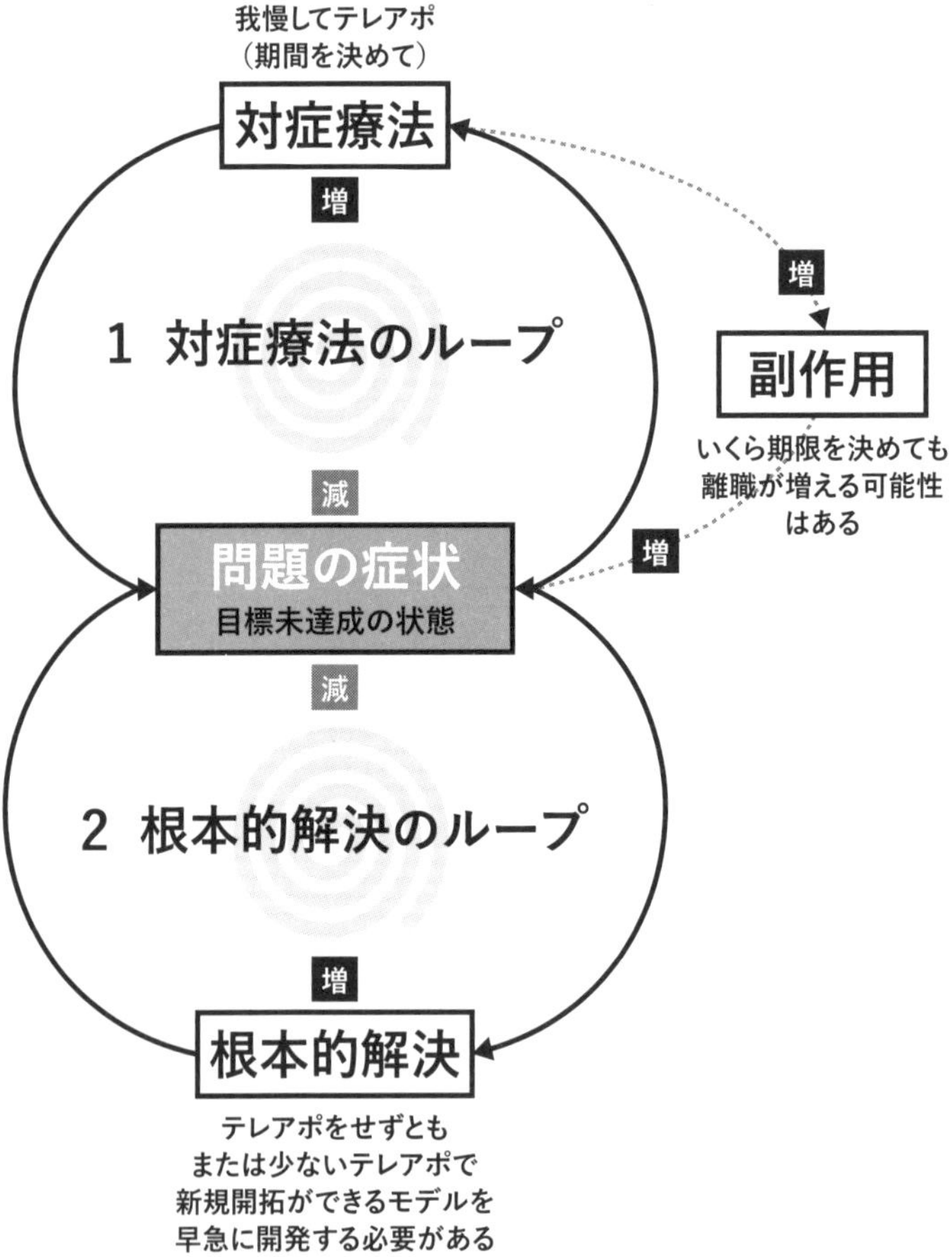

このループ図で決めることは、「3つの対策」。

【3つの対策】

対策1　「対症療法」を決める
対策2　「副作用の予防」を決める
対策3　「根本的対処」を決める

では、具体的に見ていきましょう。

●対策1　「対症療法」を決める

何はともあれ、目の前の目標を達成しないといけません。**応急処置が必要**です。

これが、「対症療法」です。

対症療法のループをご覧ください。

対症療法を「増やす 増」ほどに、問題が「減る 減」ループになっています。

「〝期間を〟決めてテレアポ数を増やす」ことを考えたとしましょう。

このループだと、テレアポを増やすほどに、未達成は解消されるはずです。

●対策2 「副作用の予防」を決める

しかし、「対症療法」には、必ず副作用が発生します。

対症療法を「増やす 増」ほどに、副作用が「増え 増」、その結果、問題が増える 増」ループも見えます。

ですので、**対症療法を決める際、副作用の予防をセットで考えねばなりません。**

この場合だと、離職を予防するための施策です。

一例としては、

「みんなで、時間を決めて、ゲームのように楽しく実施する方法を考える」

「やりっぱなしではなく、1日終わるごとに、上司が面談を行い、振り返りをする」

といった予防策が考えられます。しんどい作業であるなら、楽しくする方法、不安を解消する方法も考えておく、というわけです。

●対策3 「根本的対処」を決める

しかし、副作用の予防をしても、長続きはしません。

根本的な解決が必要です。根本的解決のループをご覧ください。

根本的解決を「増やす 増」ほどに、問題が「減る 減」ループになっています。

この場合なら、次のように、様々な解決方法が考えられます。

「少ないテレアポ数でも目標が達成できるパターンを編み出す（契約率の向上）」
「テレアポ以外に、紹介営業の成功パターンを編み出す」
「営業マンの努力に頼らず、リスティング広告、ＳＥＯ（ネットで検索を強化）を活用」
「プロセスの組み直し（テレアポは別の専業組織が請け負う）」

手法はいくつもありますが、テレアポ数を増やさずとも新規開拓ができるモデルを構築する必要がある、というわけです。

このように、３つの対策で考えると、短絡的な発想に陥ることはなくなります。

Point

トレードオフが発生する問題は、システムシンキングで解決策を探る。

04
「筋の良い対策」をチョイスする眼力を身につける

何かの対策を検討している時、これまでの経験則で「これしかない！」と思った時ほど要注意。ひらめきに飛びつくと、たいてい後悔することになる。

◉本社の会議で「よく、わからん」と言われる原因

私の失敗談を暴露します。

私は長年、営業現場にいましたので、本社での稟議を通すことに最初の頃は苦労しました。**現場との違いは、本社では細かな説明を求められる**という点です。

現場であれば、知らず知らずのうちに、お互いが一定の情報を共有しているため、細かな説明が割愛できていたのです。

「よく、わからん。論理が飛躍しているように見える」とまで言われる始末。

「現場を知らない人は頭でっかちだな」とストレスをためながらも、目の前の稟議を通

さないと仕事が進められません。

さて、よく似たことはありませんか。

例えば、本社に稟議を通す時や、新しい上司が赴任してきた時もそうでしょう。情報格差がある際に起こりがちです。

でも、この問題は、稟議をあげる側の問題でしかないのです。

相手は情報を知らないわけです。そうであれば、説明する必要が当然あります。

また、**現場に長くいると、経験則やひらめきで対策を考えるようになりがち**で、十分に考え尽くせていないことも少なくありません。そう考えると、彼らの細かい質問は、検証力を高めてくれる良い機会とも言えるのです。

◉A4(1枚)で、「筋の良い対策」を説明する

そこでおすすめなのが、**意思決定マトリクス**。

「よくわからん」と言われることがなくなります。

次ページの図をご覧ください。手順は簡単。

解決したい問題

離職率の改善（○％から○％へ）

解決の課題（解決の条件）

解決すべきは、入社3ヵ月目までの離職を予防すること

意思決定マトリクス

対策検討

2点…「高い効果」が見込める
1点…「不確定要素あり」、もしくは「ふつう」
0点…「マイナス要素」が予測される

	効果	コスト（資金・手間）	現実性	リスク	合計	
	×2	×1	×1	×1		
プランA	4	2	1	1	**8**	✓
プランB	2	1	1	2	6	
プランC	2	0	1	1	4	

解決策

プランA

①選択肢をあげる（3～5個）
②評価項目を決める
③評価項目に重みをつける
④採点する

やってみるとわかるのですが、**選択肢をあげる際、自分に盲点があることに気づける**ものです。そして、稟議をあげる際、この意思決定マトリクスを見せ、①～④を説明するだけです。

もう一度、右の図をご覧ください。

マトリクスの上部に、**「解決の課題（問題を解決する際の「成功の鍵」）を記載する欄を入れました。こうすることで、より筋の良い対策に絞れる**ようになります。

これだと、「この案をなぜ選んだのか」を、A4（1枚）でシンプルに説明できます。

Point

「意思決定マトリクス」で説明すると、稟議を通しやすくなる。

05

JALは社員の意識改革で復活したと言われるが……

愛社精神のある人は、もっと会社を成長させたいと言う。
でも、自分の個人目標を「もっと、上げてほしい」と
上司に懇願する人はいない。意識は脆弱でもある。

⦿JALの復活劇に見る課題解決の順序

問題を解決する際、「効果的な順序」があります。
例えば、「うちの職場は目標達成への意識が低い」という問題があるとしましょう。
意識を変えるために、何らかの対策を講じなければなりません。
あなたなら、次のどちらから着手しますか？

(1)まず、意識を変えるためにコミュニケーションを繰り返す。
(2)意識を変える前に、さっさと「しくみ（評価等）」を変えてしまう。

多くの人の回答は、⑴です。

でも正解は、⑵。**まず、しくみを変えてから、意識を変える、**これが正解です。

社員の意識改革によって復活を遂げたことで有名なJALも、例外ではありません。

2010年にどんぶり勘定が原因で破綻した後、京セラの稲盛和夫氏がトップに就任し、2年後には再上場を果たすという、まさに奇跡の復活が話題になりました。

ここでよく言われるのは、京セラ流の「フィロソフィー（社員が大事にする考え方）」を制定し、社員の意識を変えたことでJALは復活した――ということです。

でも、実際には、フィロソフィーが発表されたのは、破綻から1年後のこと。

では、その間に何をしたのか。「しくみ」をがらりと変えています。

まず、**先に着手したことは徹底的なコスト管理**です。

不採算路線からの撤退、大型機から小型機への変更。

それまでは、全社で採算が合っていれば、赤字が出る便が多少あるのは仕方がない（公共性のあるサービスなので）というマネジメントだったのですが、1便ごとに採算を追求するマネジメントに変えたのです。

これは、京セラ流のアメーバ経営のしくみで、1便あたりのコストを可視化すべく、「パイロットの人件費」「キャビンアテンダントの人件費」「空港費用」といったコストの単価を制定し、1便ごとの収支を算出したのです。

これは、関係者から聞いた話ですが、コストの甘い提案をした社員、予実が甘い社員は、指導を受け、意識が変わっていったといいます。時には稲盛氏自らが、幹部を叱るといったこともあったそうです。これこそが、先に「しくみ」を導入し、しくみによって「意識」を変えていった典型例でしょう。

同時並行で、JALフィロソフィーの策定を進め、1年後に発表したのです。

さて、みなさんの職場でも、様々な問題があることでしょう。

「個人主義がまかり通っており、チームワークが悪い」

「自分にしかわからない仕事があるので、休みが取れない」

これも、しくみで解決を図ります。

例えば、「ペア制」「3人制(三人寄れば文殊の知恵)」のように、小単位をつくるのはどうでしょう。お互いの役割を決め、また改善のアイデアを出すことで、自然と先ほどの問題を解決できるでしょう。

ちなみに、「ペア制」で有名なのは、ホワイト企業としても有名な日本レーザー。

産業用レーザー機器の専門商社である同社では、「ペア制」を導入しており、1人が休んでも、もう1人が対応できる体制を組んでいます。

その職場を見学させてもらったことがあります。「助け合いがあるので、とても助かっています」「給料が2倍の会社があってもボクは転職しません」、そんな声を目の前で聞きました。1人ひとりが働きやすくなるよう、協力し合う「しくみ」ができているわけです。

問題解決を考える際、まずは「しくみ」から――。

これをルールにしてみてはいかがでしょう。

Point

「しくみを変えてから、意識を変える」が正しい順番。

06 「わからない」なら、実験をせよ

「稟議を通すために、様々なデータを探していませんか？　シリコンバレーでは、そんな時間があれば、先に実験します」（財務会計ソフト大手・インテュイット創業者、スコット・クック氏）

◉いくら調べても、未来を約束するデータなんてない

私が、研修でも著書でもたびたびお伝えしているのが、やってみないとわからないなら「リーンスタートアップ」で小さく実験してみる、という方法です。

リーンスタートアップとは、シリコンバレー発祥の「イノベーションを起こす際に、**リスクのない範囲で小さく実験をし、検証を行い、その結果を見て、どのように進めるか考える方法**」です。

これを知っているかどうか研修で尋ねるのですが、会社によって認知率は異なります。多い会社では「全員」が知っています。でも、それは、会社としてリーンスタートア

ップが導入されているケース。おおむね、知っている人は、1回の研修で0〜1人ですので、まさに3％程度の人が知っている手法というわけです。

【リーンスタートアップのやり方】次のステップで進めます。

「仮説」：これ、ひょっとしたら良いアイデアなのでは？
⬅
「構築」：プロトタイプを用意して「小さく実験」してみよう。
⬅
「計測」：後日、やってみた結果を「計測」してみたら……
⬅
「学習」：得られた結果から「促進」「中止」「再実験」を決めよう。

これを短サイクルで行うのです。

⦿インスタグラムもリーンスタートアップだった

有名な成功事例は、インスタグラム（Instagram）でしょう。

開発期間は、わずか8週間。リーンスタートアップゆえ、実現したスピードです。

インスタグラムは、もともとBurbn（バーブン）という位置情報アプリでした。最初は、全く盛り上がらなかったといいます。

しかし、検証してみると、写真共有のコーナーが盛り上がっていたのです。

そこで、写真共有SNSとして実験をしたところ成功。今では、なくてはならないSNSです。

⦿職場の難問を次々と解決できる

職場の問題もリーンスタートアップで対応ができます。

例えば、採用。採用難時代の今、人材を確保できないことが常態化しています。

でも、**リーンスタートアップを行えば、短期間のうちに悩みは解消できます。**

では、ちょっと考えてみてください。

あなたが求職者なら、どちらの会社（求人の条件）が魅力的だと思いますか？

A：月給30万円　週休2日　多少残業あり

B：月給25万円　週休3日　残業なし（つまり、週休3日制の会社）

ほとんどの人がBに〝惹かれる〟と言います（Aは関心すら持たれない）。

でも、実は時給換算にすると、AもBもほとんど同じ。

そうであれば、Bのコースを設ければ、人件費はそのままに人を採用できるはずです。

しかし、Bを選ぶ企業は少ないのです（先進的な大手は導入していますが）。優秀な人材が集まる可能性のほうが高いことが見えているのに、です。

新しいことをする際は、やはり不安が伴うからです。

そんな時こそ、リーンスタートアップです。


職場に問題があり、新しい発想の対策が浮かんだ際は、こう提案してみてください。

「リスクのない範囲で、小さく実験をしてみませんか？」、と。

この提案が、大きな一歩を踏み出すきっかけになることでしょう。

Point

前例がなく、上司が不安を感じている場合は、「小さく実験をしてみませんか？」と提案してみよう。

第5章

「ビジネスフレームワーク」を使って、10倍速で問題を解決する

01

ビジネスフレームワークを知れば、思考スピードは10倍速になる

「私たちはいつも偉大なアイデアを臆面もなく盗んできた」。そう語ったのは、ピカソの言葉「凡人は模倣し、天才は盗む」を好んだスティーブ・ジョブズ。

◉偉人が考えた「模範解答」を持って、テストを受けるようなもの

会社員の時、ある企業研修会社が主催する研修を受講する機会がありました。リーダーシップ研修で、テーマは赤字会社のV字回復のシナリオを描くというものでした。そこでグループワークがあったのですが、講師の方から注意をされたのです。「伊庭さんは、すぐにビジネスフレームワークを使いますね。フレームワークを使うと、ほかの受講生が考える機会を妨げてしまう」と。

私は講師に尋ねました。「答えは間違っているのか」と。すると、「答えは合っている。ただ、間違えてもよいので、考えてほしい。考えるプロセスも大事なので」。

つまり、考えることが目的なので考えてほしい、ということだったわけです。

言ってみれば、「答えを言うな。ここは静かにしていてくれ」に等しい状況だったのです。フレームワークを使うと、1時間かかるディスカッションが、5分で終わります。

さて、ここで言いたかったことは、**ビジネスフレームワークを知っていると、問題解決を10倍速でできる**ということです。もちろん、フレームワークは万能ではありません。ただ、経営学の偉人が発明し、多くの会社で実証実験がなされ、効果が証明されているものなのです。使わない手はないでしょう。少し応用を利かせると、ほぼすべての問題に対応できるのではないか、とまで私は感じています。

この章では、フォロワーシップを発揮するために役立つ、実践的なビジネスフレームワークをいくつかピックアップしてみました。職場の問題を話し合う会議で一味違うコメント、問題提起をする際の「提言フレーズ（問いかけ）」も紹介します。

Point

偉人が発明し、効果も証明済みのビジネスフレームワークを使わない手はない！

02

離職率を改善するフレームワーク（人事問題を解決するHRM）

入社3年以内の離職率が0％の会社には、共通する特徴がある。
収入でも、企業の知名度でもない。
「手塩にかけて、長期的な視点で、人材を育てているか」である。

⊙若手の離職率は0％にできる

離職率の高さに悩む会社は少なくありません。
せっかく入社した新人が辞めていくのはつらいものです。
先日お会いした、ある中小企業の社長のセリフが物語っています。
「本当に、くやしい……。でも、やはり、中小は難しいですよね……」
私は、求人サービスの事業に20年以上にわたって携わってきました。
クライアントの社長から、このようなセリフを幾度となく聞いています。

そのたびにお伝えしていたことがあります。

・**実のところ、「企業規模」は離職率に大きくは影響していない。**
・**長期的な育成プログラムとキャリアパスを示すことが大事。**

その理由を解説しましょう。


実際、離職率のデータを見ると一目瞭然。

大企業の離職率は11・1％。中小企業は12・3％(※①)。

大手も中小も大差ありません。企業規模に要因を求めないほうがいいでしょう。

さらに、『CSR企業総覧(雇用・人材活用編) 2018年版』(東洋経済新報社)によると、新卒の3年以内離職率が0％の会社に中小企業が多いとのことですので、なおさらです。

3年以内離職率0％の会社は、サンプル1128社のうち108社あり、そのうち73社は中小企業(新入社員15人以下の企業)だったのです。もちろん大手は新入社員の人数が多いので、0％の会社は少なくなる傾向があるのですが、それでも離職率が0％の中小企業は多く存在する、ということなのです。

ではここからは、離職率改善に向けての課題を見つけるフレームワークを紹介します。

※①「中小企業白書2015年版」(中小企業庁)

⊙人事問題は「HRM」のフレームワークで確認

ＨＲＭ（ヒューマン・リソース・マネジメント）は、「採用活動」から、採用した人が「最大のパフォーマンス」を発揮するための人事施策までを要素別に整理したものです。私が人材業界にいた時から使っているフレームワークで、人事問題に悩む経営者の悩みを整理する際にも大いに役立ちました。それが左の図です。

離職の問題においては、課題はシンプルで、優先順位をつけるなら、ここに示す★印に問題があることがほとんどです。

参考にしていただきたいデータがあります。新卒3年以内離職の原因を調べた調査結果です。この調査からも、★の箇所が重要であることがわかります。

【参考データ】新卒3年以内離職の理由（アデコグループ調査・２０１８年）

「自身の希望と業務内容のミスマッチ」（37・９％）

「待遇や福利厚生に対する不満」（33・０％）

「キャリア形成が望めないため」（31・５％）

※注視すべきは、上司との関係、残業よりも、これらが上位であること。

人事問題はHRMフレームワークで解消！

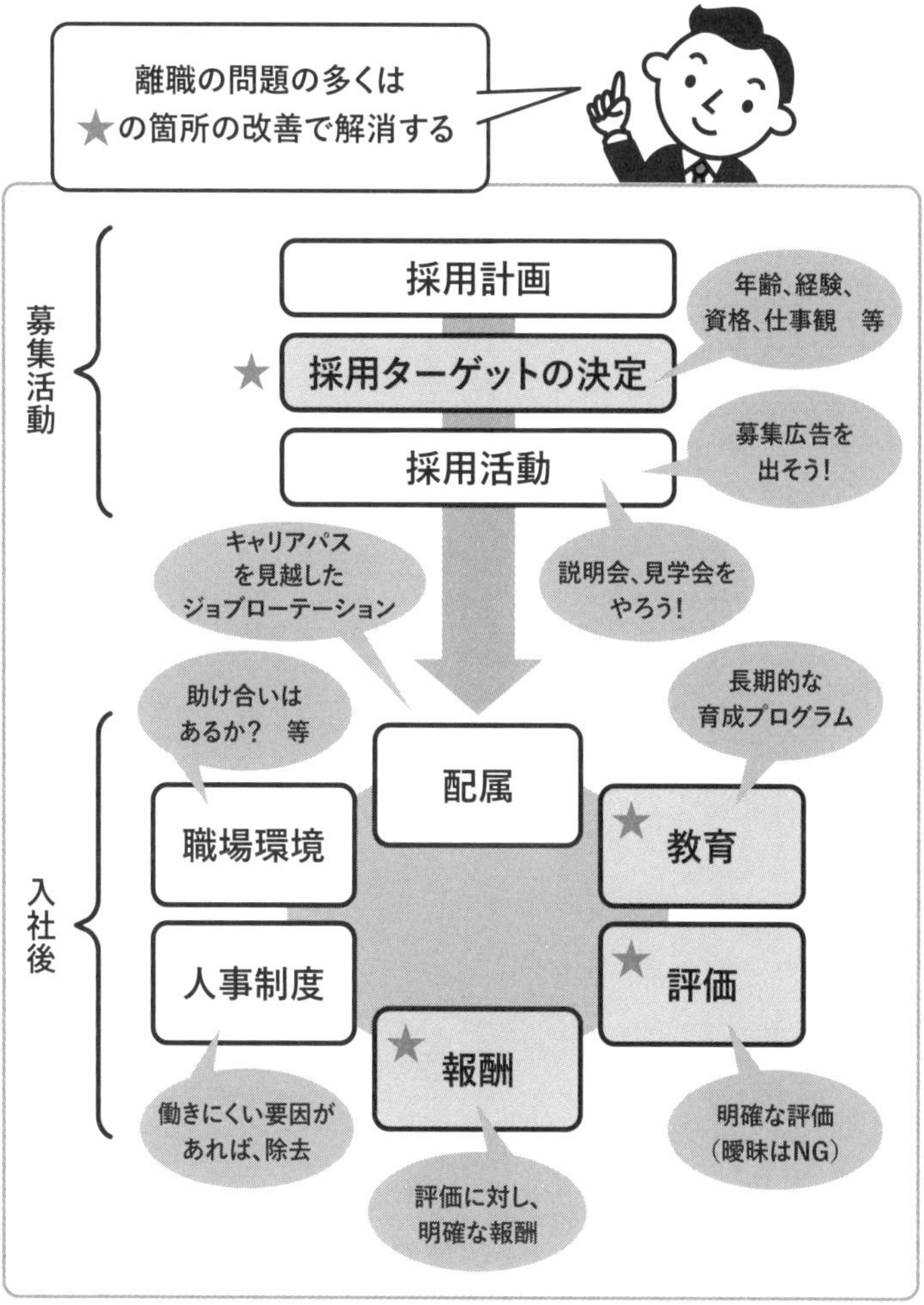
離職の問題の多くは
★の箇所の改善で解消する
募集活動
採用計画
★採用ターゲットの決定
年齢、経験、資格、仕事観 等
採用活動
募集広告を出そう！
説明会、見学会をやろう！
キャリアパスを見越したジョブローテーション
入社後
配属
助け合いはあるか？ 等
職場環境
長期的な育成プログラム
★教育
人事制度
働きにくい要因があれば、除去
★評価
明確な評価（曖昧はNG）
★報酬
評価に対し、明確な報酬

解説しましょう。

離職要因ごとにＨＲＭのフレームワークを照合すると、★に対応していることがわかります。

「希望とのミスマッチ」は、ＨＲＭの「採用対象のミスマッチ（★）」に対応し、「待遇や福利厚生への不満」はＨＲＭの「評価と報酬（★）」に対応しています。「キャリアが望めない不安」は、ＨＲＭの「教育体制（★）」の問題です。

もし、職場の離職が問題となっているようなら、まずは、この3点に課題を求めてみてはいかがでしょう。その上で上司に、次の①②③のように提言をしてみてください。

【提言】 離職率が高いのは、

①「対象のミスマッチが原因ではないでしょうか？」

②「評価と報酬が曖昧《あいまい》になっているのが原因ではないでしょうか？」

③「教育体制、キャリアパスが不明確なことが原因ではないでしょうか？」

実際、離職率の高い会社は、これらのいずれも曖昧なケースが多いもの。

一方で、離職率が低いコンディションの良い会社には共通項があります。

3年以内離職率が0％の会社に共通する要素、それは「教育体制、キャリアパス」が明確である点です。

参考になるのは、各社のプログラムです。

ニトリのグローバルで活躍できる人材を育てる社内育成カリキュラム、ニトリ大学は有名ですし、経営やマネジメントを学べる日本マクドナルドのハンバーガー大学もかねてより有名です。

さらには、ローソンにはローソン大学があり、資生堂にはエコール資生堂があります。

私も研修先で、同様に○○アカデミー、○○トレーニング等の総合プログラムを開発し、提供しています。

その効果は大きく、新卒を50〜60名採用しても、離職はほぼなくなっています。

まずは、育成プログラムの設計から着手してもよいでしょう。

Point

離職率の改善には、育成プログラムが効果的。

私の経験談① サラリーマンは評価で動く

離職問題の解決には育成プログラムの設計が大事ですが、ほかの人事問題においては「評価」「報酬」を変えないとなかなか解決はしない、と私は考えています。

例えば、

「マネジャーが部下に仕事を任せたがらない」

「残業を本気でなくそうとしない」

「上司たちが、短期業績のことしか関心がないので、面談をきちんとしない」

「ベテラン社員が、緊張感のないままにダラダラと仕事をしている」

言い換えると、**〝それ〟をしなくても〝許される環境〟だからそうなるわけです。**

まず、評価指標を明確にし、評価にしっかりと反映することをおすすめします。

こんなことがありました。とある広告媒体のある地域の責任者を任された時のこと。旧商品（書店で販売する媒体）から、新商品（ネット・フリーペーパー媒体）に切り替える戦略をとった際、メンバーから激しい反発を受けました。

「旧商品は、我々の魂。絶対に残してほしい」

「まだ、新商品に切り替えるのは早い。危険すぎる」と。

魂を込めて育ててきた商品でしたので、もちろんその心情はわかりました。私にも、その旧商品への愛着は負けないものがあったのも事実です。

でも、時代の変化に遅れると、取り返しがつかなくなります。そこで、思い切って、評価指標を変えました。旧商品より、新商品の評価を2倍にしたのです。新商品を販売したほうが2倍も効率が良くなる、というわけです。

1週間後には、誰一人として反対を唱えることなく、新商品の販売方法を考えるようになり、一気に新媒体へのシフトが進みました。これこそが評価の持つチカラです。

時には大胆に評価を変えることを、上司と話し合ってみてはいかがでしょう。人事部門で検討する領域もありますが、現場で変えられる評価指標もあるはずです。

私は現場の長でしたので、「制度」の変更はできませんでしたが、「指標」を変更する裁量はありました。じれったい状況があれば、上司に評価指標の見直しを検討する提言をしてみてはいかがでしょう。一気に解決するかもしれません。

03 人手不足を改善するフレームワーク（採用力を高める）

「1人のバイト応募者」に「8人の経営者」が、ウチに来てくださいと頭を下げている（※②）。それが東京の飲食業界の求人の現状。バイト獲得すらも、もはやドラフトのようになってきている。

⦿有名企業ですら、常識を覆す採用法で勝負してきている

人手不足なのは飲食業界だけではありません。

先日、あるニュースを見て、人手不足の厳しさを痛感しました。

放送されていたのは、ある運送会社。社長のセリフが苦境を物語っています。

「単価は落ち、急ぎの仕事が増えた。社員の給与を上げるわけにもいかない。採用もできないので、ドライバーに16時間も働いてもらっている……」

でも、テレビに映っていた、その会社の会議のシーンを見た瞬間に、すぐに解決の糸

※②東京都の「接客・給仕」職の有効求人倍率は8.67倍（東京都労働局「求人・求職バランスシート」2019年11月分、パート常用）。

口は見えました。会議に30代から50代の男性しかいなかったからです。

気になるのは、どうして女性がいないのか、という点。

今や力仕事である建築現場、ドライバー、またゴミ収集にも女性が進出し、体を使いたいといった女性にとってはむしろニッチな人気仕事になっています。

このように**採用戦略フレームワークを知っていると、「やるべきこと」がすぐに見えます。**


もちろん、対象を女性に広げるだけでは、採用競争には勝てません。

求人で成功するためには「ここでしか得られない魅力がある」ことが不可欠です。

ほんの一例ですが、週休3日制にして、その分、給料を下げるという手もあります。

実際、「週休2日より多い」制度を導入する会社は約8%(※③)にもなっており、日本マイクロソフト、ヤフー、佐川急便、ファーストリテイリングなどは週休3日制を導入しています。企業規模は関係ありません。大手も常識を覆す発想で勝負してきています。

⦿採用力を高める「採用コミュニケーションフレームワーク」

採用力を高めるために、何をどのように改善すればいいか——。その打ち手を見出す

※③「平成31年就労条件総合調査の概況」(厚生労働省)

際に便利なフレームワークがあります。採用戦略の強化すべき点を「誰に」「何を」「どのように」の観点で確認する、採用コミュニケーションフレームワークです。

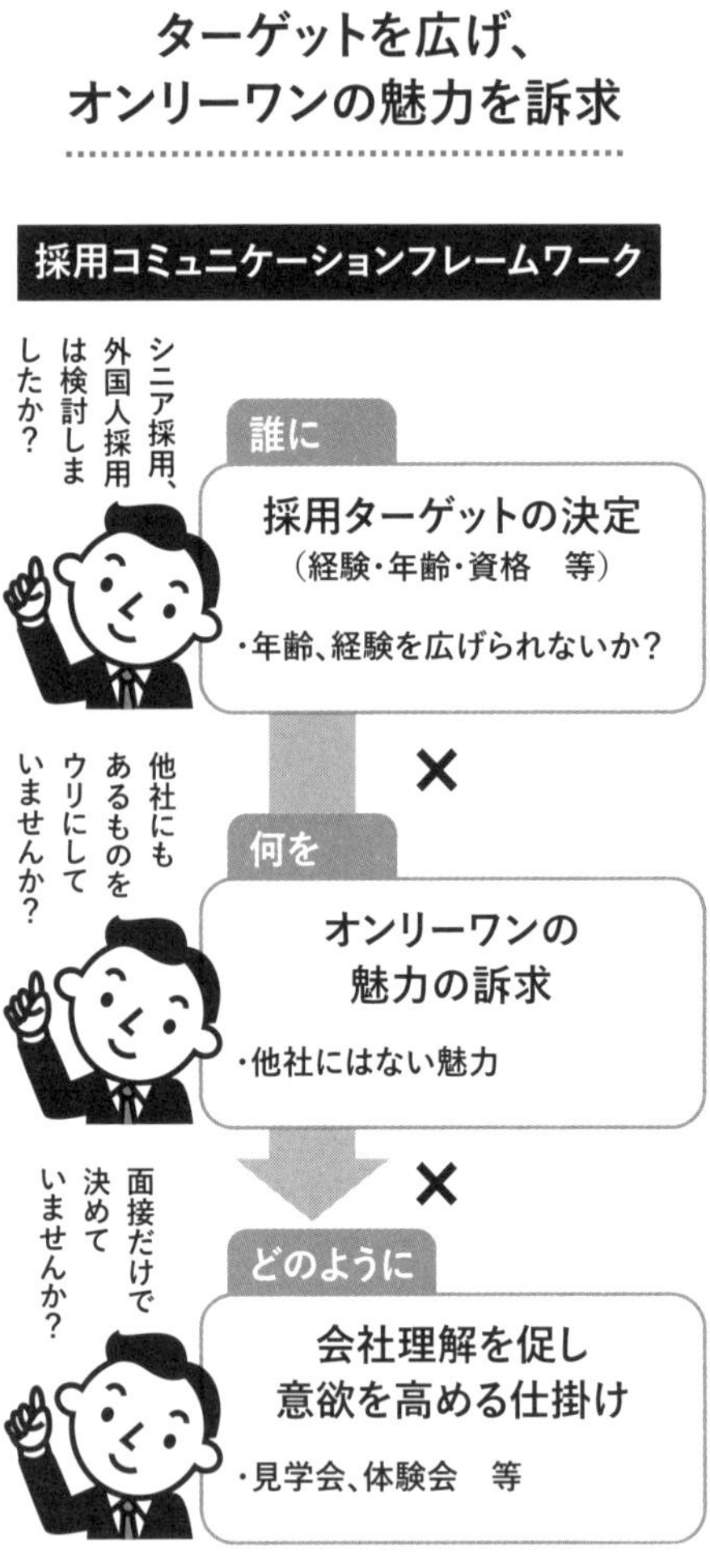
ターゲットを広げ、
オンリーワンの魅力を訴求
採用コミュニケーションフレームワーク
シニア採用、外国人採用は検討しましたか？
誰に
採用ターゲットの決定
（経験・年齢・資格　等）
・年齢、経験を広げられないか？
×
他社にもあるものをウリにしていませんか？
何を
オンリーワンの
魅力の訴求
・他社にはない魅力
×
面接だけで決めていませんか？
どのように
会社理解を促し
意欲を高める仕掛け
・見学会、体験会　等

もし、採用に苦戦しているようなら、次のように提言をしてみてはいかがでしょう。

①【誰に】「適性のある人なら、年齢・性別を広げませんか？」
②【何を】「他社にはないオンリーワンの魅力が必要ではないでしょうか？」
（週休3日、残業なし、ユニークな福利厚生、Wワーク解禁等）
③【どのように】「会社を理解してもらう『リアルな場』が効果的。職場見学、体験入社、先輩との食事会等の機会を企画しませんか？」

効果の大きさで優先順位をつけると、①②③の順序になります。例えば、他社と競合しない求職者層を対象とすれば、努力せずとも採用はできるようになります。大手コンビニが高齢者や留学生を積極的に採用し始めたのは、そのためです。一方で、すぐにできるのは③②①の順。すぐに実施したいなら③から考えてもよいでしょう。

「やったもん勝ち」の精神でないと勝てません。ぜひ、新しい切り口のチャレンジを提言してみてください。

Point

「やったもん勝ち」で考えないと、採用には勝てない。

04 ギスギスする職場の人間関係を良くするフレームワーク

問題は「その人」ではなく、「人」と「人」の間にあることがほとんど――。
そう言って解決策を提言できる人になろう！

⊙職場の人間関係を良くする法則をおさえておく

どの職場でも人間関係が問題になることは多いもの。
できる限り「その人の問題」にはしないことです。
そうすることで、多くの場合、２つのことで解消できます。

【職場のチームワークを良くする方法】
法則１　出会ったばかりの頃は、コミュニケーションの「量」を増やす
法則２　職場が混乱し始めた時、コミュニケーションの「質」に転換する
この２つのことをすれば、職場の人間関係を良くすることができます。

⦿チームビルディングのフレームワーク「タックマンモデル」

まず、この「法則1」「法則2」は、タックマンモデルで説明ができます。これは、心理学者のタックマンが1965年に提唱した、チームビルディングの有名な理論。図をご覧ください。注視していただきたいのは、「形成期」と「混乱期」。

チームの混乱は、「成長痛」である

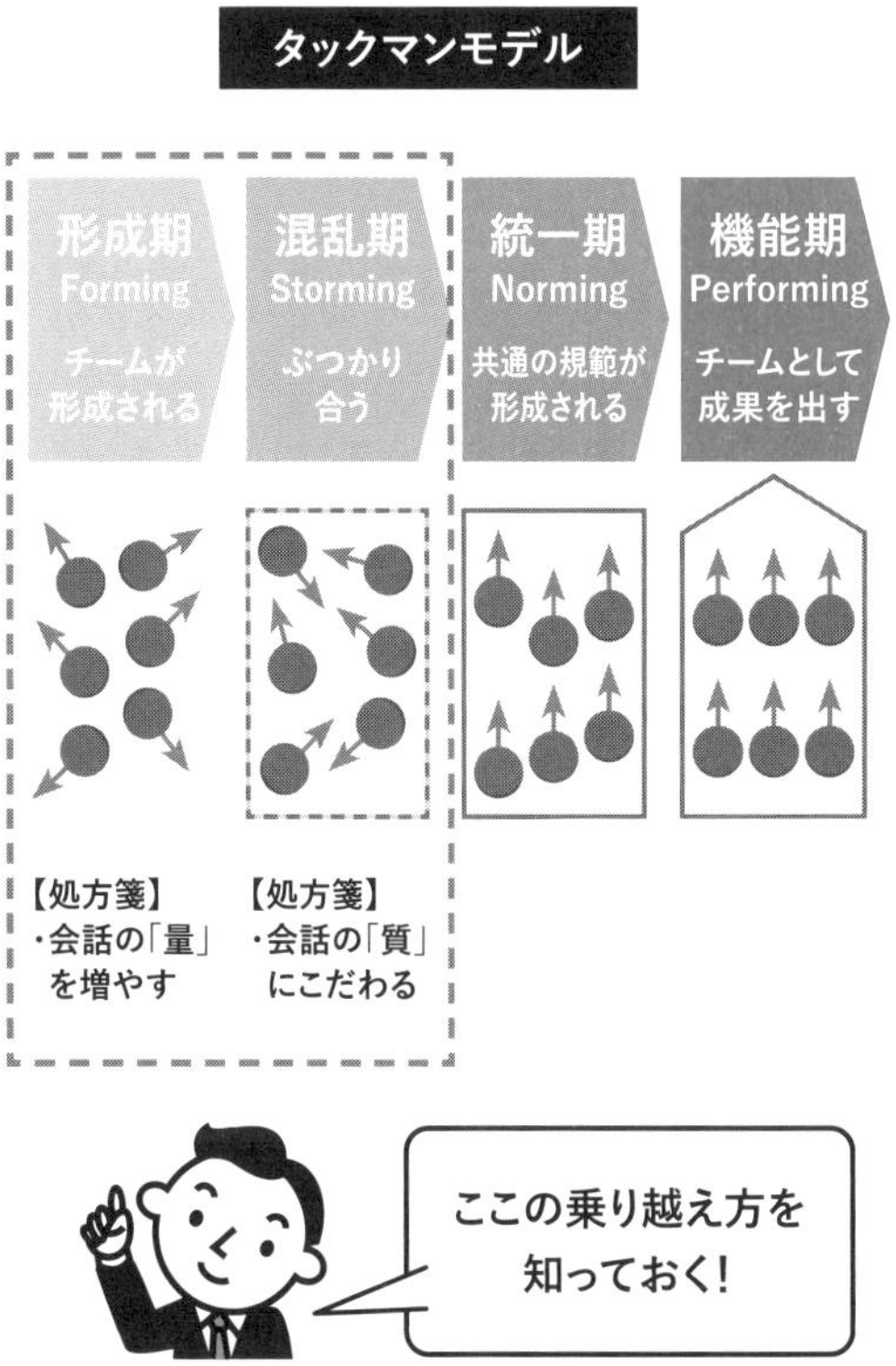

チームができた最初の頃は、関係構築に向け、「会話の量」を増やします。雑談する機会を意図的につくる（ランチ、休憩、ミーティングでの些細な共有等）ことが重要になります。

次第に**チームに混乱、対立が起こります。この時は会話の「質」にこだわります。**お互いが感じていることを、より良い方向に向けて、本音で語り合う機会をつくることです。時には、愚痴を吐き出すことも効果があります。

【提言の方向】職場がギスギスしているなら、このように上司に提言をしてみてはいかがでしょう。

形成期…「お互いのことを知る機会」をつくりませんか？
（ランチ、休憩、ミーティングでの些細な共有等）

混乱期…「お互いの想いを共有する機会」をつくりませんか？
（今の現状、改善策を話し合う研修等）

ギスギス感のほとんどは、コミュニケーションで解決できるもの。大事なことは、人ではなく、コミュニケーションのとり方に原因を求めることです。

私の経験談② 混乱期の乗り越え方

ある組織の課長として着任した際、職場のコンディションは最悪の状態でした。会社の経営方針が変わり、その急激な変化にメンバーの多くが不満を感じていました。このままでは離職者が出てもおかしくない状況だったのです。

そんな時、中堅のメンバーから提案を受けました。

「今、〝こうあるべき〟という話を聞いても、耳には入りません。一度、みんなの愚痴を『存分に語る機会』を設けるのはいかがでしょう」と。

そのシナリオはこうでした。

最初は、愚痴をすべて吐き出す。吐き出すと心の余裕が生まれる。そこで、初めて「我々はどうするべきか」を考える機会をつくるというものでした。

月に2回実施しました。すると、3ヵ月目には不満の声は完全に消えていました。

どの職場でも変化を強いると、「混乱期」に陥ります。**「混乱」を恐れるのではなく、必然のプロセスだと考え、対策を講ずるのが最良の方法**なのです。

05

職場の「あの人が苦手」を無くすフレームワーク

相性は良し悪しではない。

相性は、合わせられるかどうか、だけである。

◉「自分の常識」を当たり前にしていないだろうか

意外と思われるかもしれませんが、リーダー研修をしていて、意外と多いのが、「苦手な部下」の存在です。


「なんで、そんなに人の目を気にするのだ」

「もう少し優しい言い方があるだろう」

「ノリはいいけど、アバウトなのがムカつく」

「そこまで言わなくてもわかるだろう。理屈っぽくて、ウザい」


よく出る本音です。

この場合、私が彼らに伝えるのが、「ソーシャルスタイル」というもの。

相手の価値観に合わせる技術です。これで、ほとんどのリーダーが納得します。

上司だけではなく、**職場全体に「ソーシャルスタイル」を広めると、とたんに「あの人、苦手」の問題が解消されることも多い**もの。

先ほど、チームができたばかりの時は、会話の量を増やし、混乱期が訪れたら会話の質を大事にする、と申しました。

この時にこそ、相手の価値観を尊重した会話をするのです。

そして、それを簡単にできるようになるのが、ソーシャルスタイルなのです。

⊙お互いのタイプを尊重する「ソーシャルスタイル」

ソーシャルスタイルとは、1968年、アメリカの産業心理学者のデビッド・メリル氏が提唱したコミュニケーション理論のことで、4つに分類される人のコミュニケーションのパターンを活用し、適切なコミュニケーションを選択するものです。今や多くの企業で取り入れられている、グローバル・スタンダードのメソッドです。

次ページの図のように、ソーシャルスタイルには4つのタイプがあります。

人は自分とは違う!
相性を合わせられる対話術
それがソーシャルスタイル

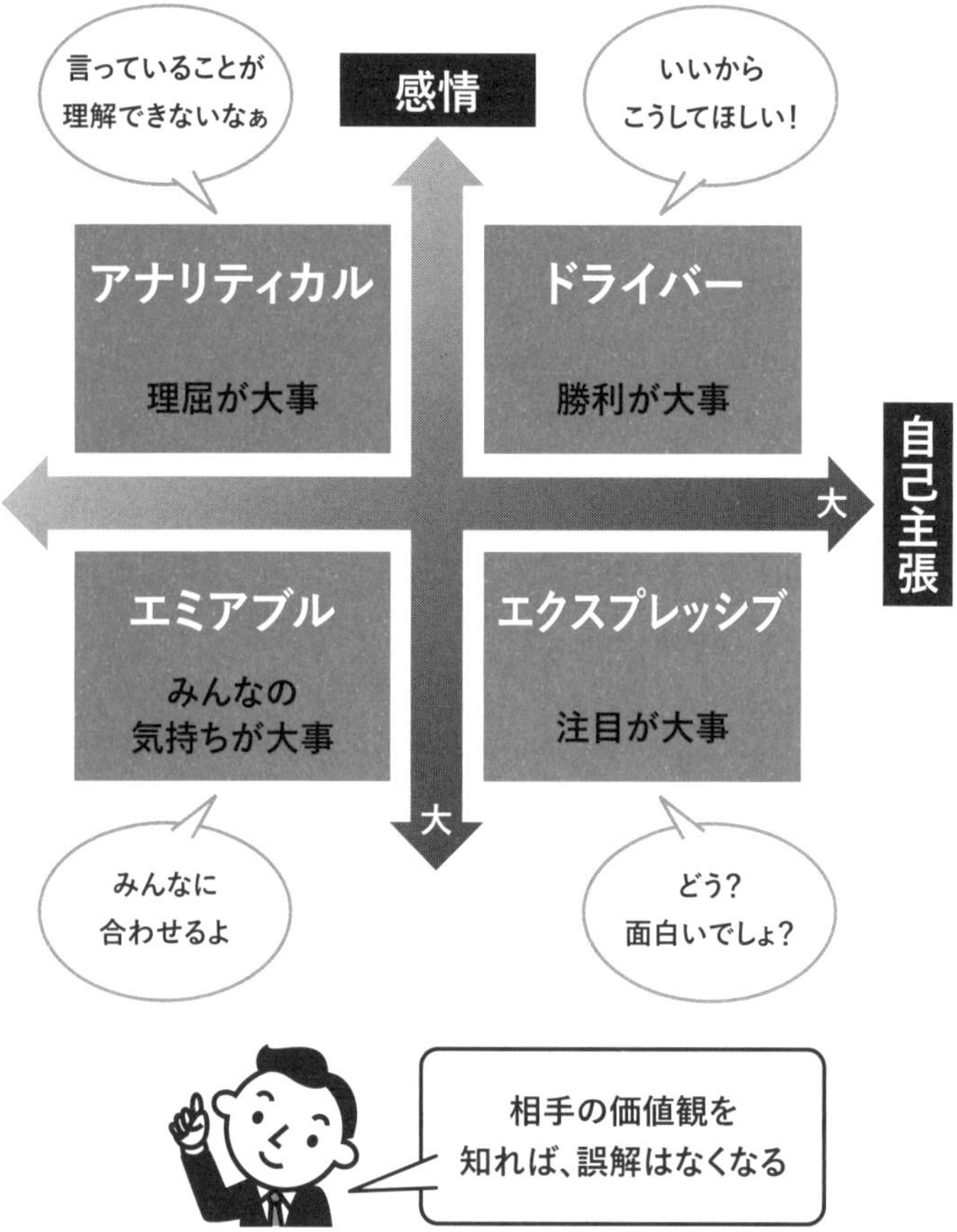

言っていることが理解できないなぁ
感情
いいからこうしてほしい!
アナリティカル
理屈が大事
ドライバー
勝利が大事
自己主張
大
エミアブル
みんなの気持ちが大事
エクスプレッシブ
注目が大事
大
みんなに合わせるよ
どう?面白いでしょ?
相手の価値観を知れば、誤解はなくなる

【簡易チェック】職場のメンバーを想像してみてください。

その人を診断

1 誰か1人を思い浮かべてください	
【自己主張の「強弱」を診断】 2 自分の意見を積極的に言うタイプですか? ※例:早口であるなら、意見を言うタイプです	1 違う 2 どちらかというと、違う 3 どちらかというと、そうである 4 かなり、そうである
【感情の「強弱」を診断】 3 その人は「表情」が出るほうですか? ※例:笑顔が多い人なら、表情が出るタイプです	1 違う 2 どちらかというと、違う 3 どちらかというと、そうである 4 かなり、そうである

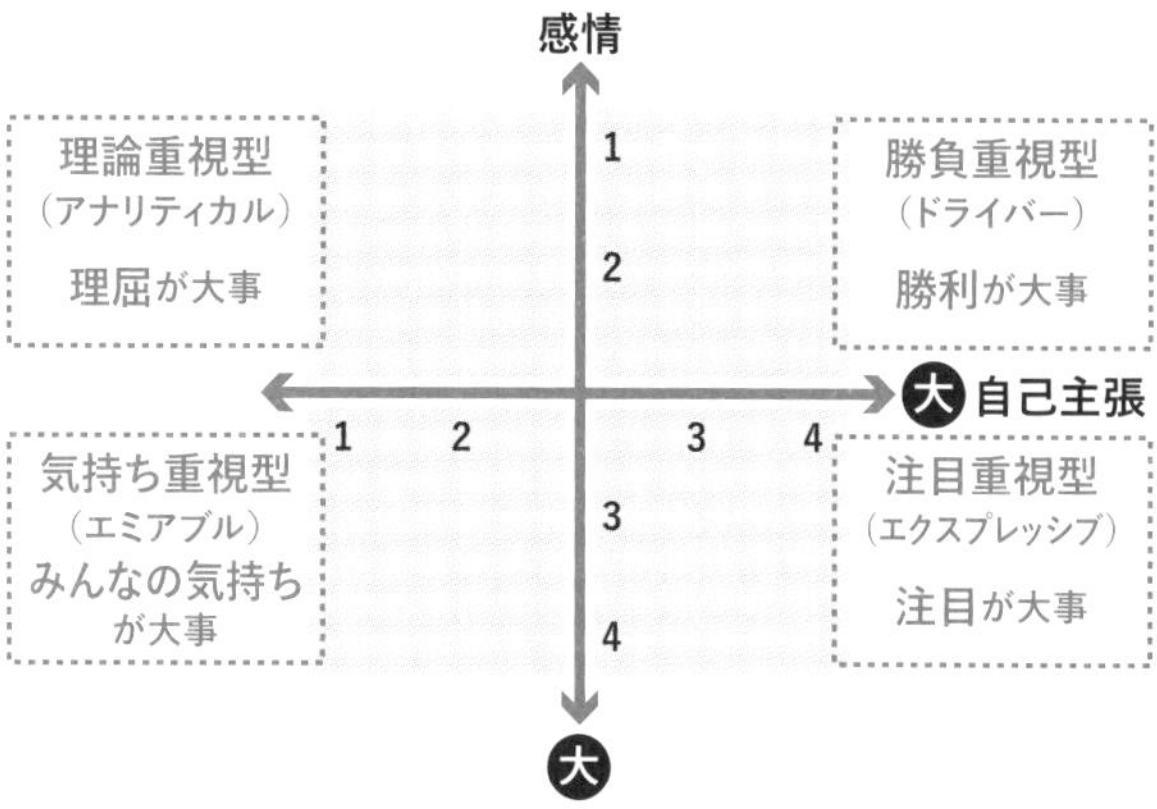

あなたの答え

その人のソーシャルスタイルのタイプは?	1 ドライバー 2 エクスプレッシブ 3 エミアブル 4 アナリティカル

では、４つのタイプの特性と対処法を解説しましょう。

（1）ドライバー（合理的に目的を達成させたい人）の特性　例：ビートたけし

・感情（表情）が出ない。早口で淡々と自分の意見を言う人。
・せっかちで負けず嫌い。目的のためには、厳しくなれる。
・雑談を省き、結論ファーストのビジネスライクなコミュニケーションが喜ばれる。
・自分で決めたいタイプ。提案をする時は2～3案の中から選んでもらう。

（2）エクスプレッシブ（自分が注目されたい人）の特性　例：明石家さんま

・感情（表情）が出る。明るい雰囲気で自分の思いを言う人。
・ノリ重視。注目されたい。新しく話題性のあることが好き。
・関心が変わりやすいので、重要なことは気が変わらないうちに済ませる。
・話が脱線しがちなので、ノリを大事にしながらも、要約をしてあげる。

（3）エミアブル（波風を立てたくない平和主義の人）の特性　例：小堺一機

・感情（表情）が出る。話すより聴く。明るい雰囲気で人の話を聴く人。

・人の気持ちや全体の調和を重視。平和志向。
・ニコやかに穏やかな雰囲気で会話をすると喜ばれる。
・1人で決めるのが苦手。選択肢を示すのではなく、相談に乗ってあげる。

(4)アナリティカル(理屈、分析を大事にする人)の特性　例:タモリ

・感情(表情)が出ない。話すより聴くことが多い人。
・データや情報を分析し、独自の見解を持つことが好き。
・沈黙は考えを整理する時間。せかさず、待ってあげる。
・納得を得るために、前例やデータを示してあげる。

部下や同僚、さらには上司にソーシャルスタイルを広めることで、職場全体のコミュニケーションの質を高めることも可能です。素敵な職場になること間違いなしです。

Point

職場にソーシャルスタイルを広めて、職場全体のコミュニケーションの質を高めよう。

06

業務のムダを改善するフレームワーク

人は、自分の仕事が減らされることに不安を覚える。仕事が減った後、自分たちはどうなるのか……。行先のわからない列車に、積極的に乗る人はいない。

◉ムダなことを効率的にやることほどのムダはない

「仕事量が減らず、残業が減らない」ということはないでしょうか。

転職支援サービス「エン転職」の調査（※④）によると、「働き方改革」によって自身の働き方が「変わらない」「どちらとも言えない」と回答した人は約8割。時短が簡単でないことがうかがえる事実です。

ここでは、私が企業研修（タイムマネジメント研修）で紹介し、好評を得ている「業務のムダを改善するフレームワーク」を紹介します。

◉ECRSのフレームワークで職場のムダを削減

※④「エン転職」ユーザーアンケート調査（2018年3月）

「業務のムダ」を無くす、オススメの方法があります。ＥＣＲＳ《イクルス》の原則です。

ＥＣＲＳとは、工場の生産管理で使われる「ムダ」「ムリ」「ムラ」を解消する管理の手法。この手法があらゆる職域のムダを無くす際にも使えるのです。さっそく、ＥＣＲＳの方法を紹介しましょう。

次ページの図をご覧ください。まず、ＥＣＲＳとは、この４つのステップの頭文字をとったものになります。

そして、**コツは①→④の順序で検討**すること。

まずは①の排除が最も効果があるからです。ムダなことを効率的にやることほど、ムダなことはありません。やらないことが一番です。

この時、聖域を壊す必要が出るかもしれませんが、聖域を壊すことも要請に含まれていることでしょう。

しかし、仕事がなくなるのは不安が伴うもの。同時に、聖域を壊した後に待っている世界を示すことです。お客様へのサービスをアップさせる、社内の新たなしくみを構築するなど、その先のストーリーがないと動きにくいものです。

ECRSの原則で「ムダ」な業務を無くす

検討の順序

Eliminate 排除	ヤメても影響が出ないなら、ヤメる
Combine 結合	一石二鳥で作業を結合できないか？
Rearrange 順序変更・交換	効率のいい手順はどれか？
Simplify 簡略化	もっと簡単にできないか？

【①Eliminate：排除】

「顧客満足」「従業員満足」「リスク（計画 、コンプライアンス等）」
に影響しないことなら、やめることを考える

・「週報」「レポート」「報告書」等の書類作成をやめられないか
・「朝礼」「会議」をやめられないか
・「結果の出ない営業手法」「結果の出ていないプロジェクト活動」をやめられないか
・「朝の出勤（直行、自宅勤務でもいいこともある）」をやめられないか
・「過剰なサービス」「自己満足のサービス」をやめられないか

【②Combine：結合】

・「製造」と「検査」を同じ場所にまとめられないか
・「2つに分けていた会議」をまとめられないか
・複数の人が担当していた業務を1人にまとめられないか
・バラバラにしていた発注をまとめられないか

【③Rearrange：順序変更・交換】

・「決裁」の順番を入れ替えられないか
・営業ルートを入れ替えられないか（移動動線を最短化）
・夕方以降の作業を、朝に入れ替えられないか（生産性アップ、残業抑制）

【④Simplify：簡略化】

・報告書の記入、データ入力を簡略化できないか
・ファイル作成・共有方法を簡略化できないか
Google（Googleドキュメント、Googleスプレッドシート）で作成
・テンプレートを用意し、標準化できないか
（見積書、請求書、納品書、企画書、報告書、等）

また、最初のE（排除）を考える際、なかなかムダを自覚するのは難しいものです。これには簡単な方法があります。**次の3点で、診断をしてみてください。**

①それをやめたら、「顧客満足」に影響が出てしまうか？
②それをやめたら、「従業員満足」に影響が出てしまうか？
③それをやめたら、「リスクマネジメント・事業計画」に影響が出てしまうか？

いずれか1つでも当てはまれば継続です。そうでなければ、やめる候補の仕事です。

例えば、当たり前の習慣になっている週次の報告書、企画書の作成、会議の議事録、または、会議や朝礼等も、意外とどれにも当てはまらなかったりします（経団連のレポートでは、「議事録」をやめることも効果的だとしています）。

◉職場の「帰宅時間」目標を決める

加えて、帰宅時間を共有することもオススメです。

残業が常態化している職場に共通しているのは、「帰る時間を明確にせずに仕事をしている」ことです。誰が何時に帰るのかがわからないので、夕方以降でも会議を入れてしまったり、急な仕事を発注してしまうといったことが横行します。

まず、帰る時間を決め、ホワイトボードなどに「見える化」しておくことです。

そうすることで、本人自身も早く仕事を終えることに意識を向け始めます。

「19時になって、ご飯を食べに行き、また戻ってくる」といったようなことや、「20時頃でも、よくわからない業務をしている」といったことの予防になります。

Point

ECRSのフレームワークで、「ムダを発見する視力」が高まる!

07

戦略立案力を磨くフレームワーク

良い戦略とは戦って勝つことではなく、戦わずに成果を得る策略のことでもある。

⊙「不戦勝」だと、体力の消耗はない

戦わずに成果を得る、これが戦略の本質です。

でも、現場では、ライバルに勝つために〝値引き〟〝何度も訪問〟など、消耗戦をしていることも多いもの。

こうした状態に一石を投じたのが、2005年に発刊されたベストセラー『ブルー・オーシャン戦略』(W・チャン・キム、レネ・モボルニュ著、有賀裕子訳／ランダムハウス講談社）でした。

この本の示唆は新しく、たちまち広がりました。

市場を「オーシャン（海）」と考え、すでに競争が激しく、〝いかにして（競合に）勝つか〟という血みどろの戦いをしている市場が「レッド・オーシャン」。一方、これまでにない**新たな価値を提供することで生まれる、競合との戦いのない市場を「ブルー・オーシャン」**と呼び、その具体的な事例と手法が細かく紹介されていたのです。

私も飛びつきました。

その時は、求人広告事業に携わる20代の営業主任でした。

当時、まさにライバル会社と血みどろの戦いを繰り広げていたのです。

人海戦術でライバル会社のお客様に集中的に何十回とアプローチをし、武器となる「お得なキャンペーン」を紹介し、オセロのようにパタパタとリプレースする、そんな戦いに明け暮れていました。

「もっと、お客様から指名されるような方法はないのか」と思っていた時に、出合ったのがブルー・オーシャン戦略だったわけです。

すぐに実践すると、一気に流れが変わりました。

戦わずして、リピート率は9割を超え、紹介は4～5倍になりました。

⦿「戦略キャンバス」で考える

では、どのようにすればよいのか。

まず、フレームワークで考えることをおすすめします。『ブルー・オーシャン戦略』でも紹介されている「戦略キャンバス」がそのツール。次ページの図をご覧ください。

図の上は、『ブルー・オーシャン戦略』で紹介されていた、理髪店のQBハウスの戦略キャンバスです。散髪を短時間で済ませたいといったニーズに対応すべく、付加価値（各種サービス、ヘアトリートメントなど）を削減し、その分、短時間で済ませることで差別化をしていることがわかります。

図の下は、その戦略キャンバスを使って、営業主任時代に私が求人広告の営業チームで描いたものです。広告掲載前（契約をもらうため）に差別化をするのではなく、お客様の不安に寄り添うべく、掲載中〜掲載後のフォローを手厚くしたのです。

その効果はてきめん。こうして先ほども述べたように、リピート率は9割を超え、紹介は4〜5倍になったというわけです。

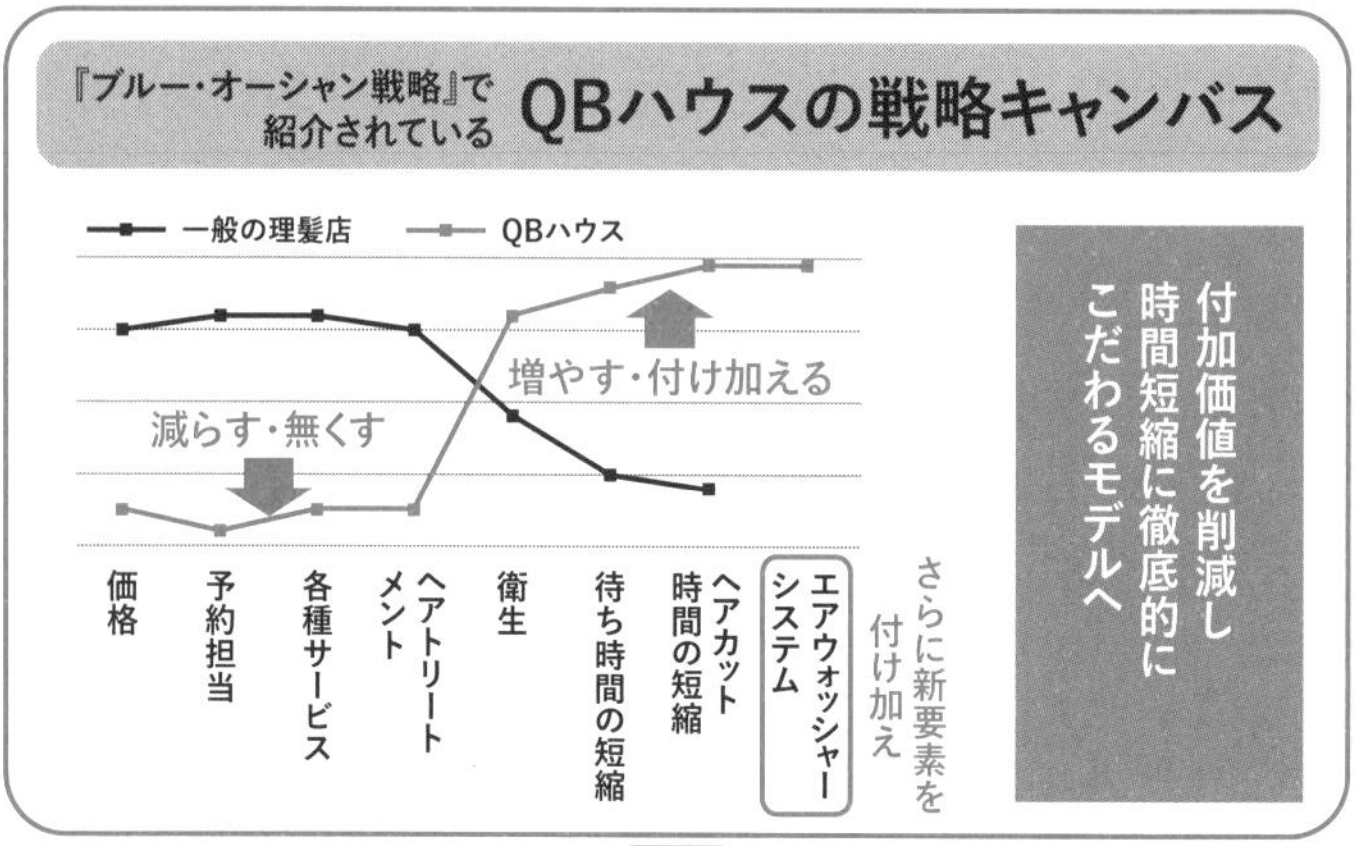
『ブルー・オーシャン戦略』で紹介されている
QBハウスの戦略キャンバス
一般の理髪店
QBハウス
減らす・無くす
増やす・付け加える
価格
予約担当
各種サービス
ヘアトリートメント
衛生
待ち時間の短縮
ヘアカット時間の短縮
エアウォッシャーシステム
さらに新要素を付け加え
付加価値を削減し時間短縮に徹底的にこだわるモデルへ

ノウハウを転用！

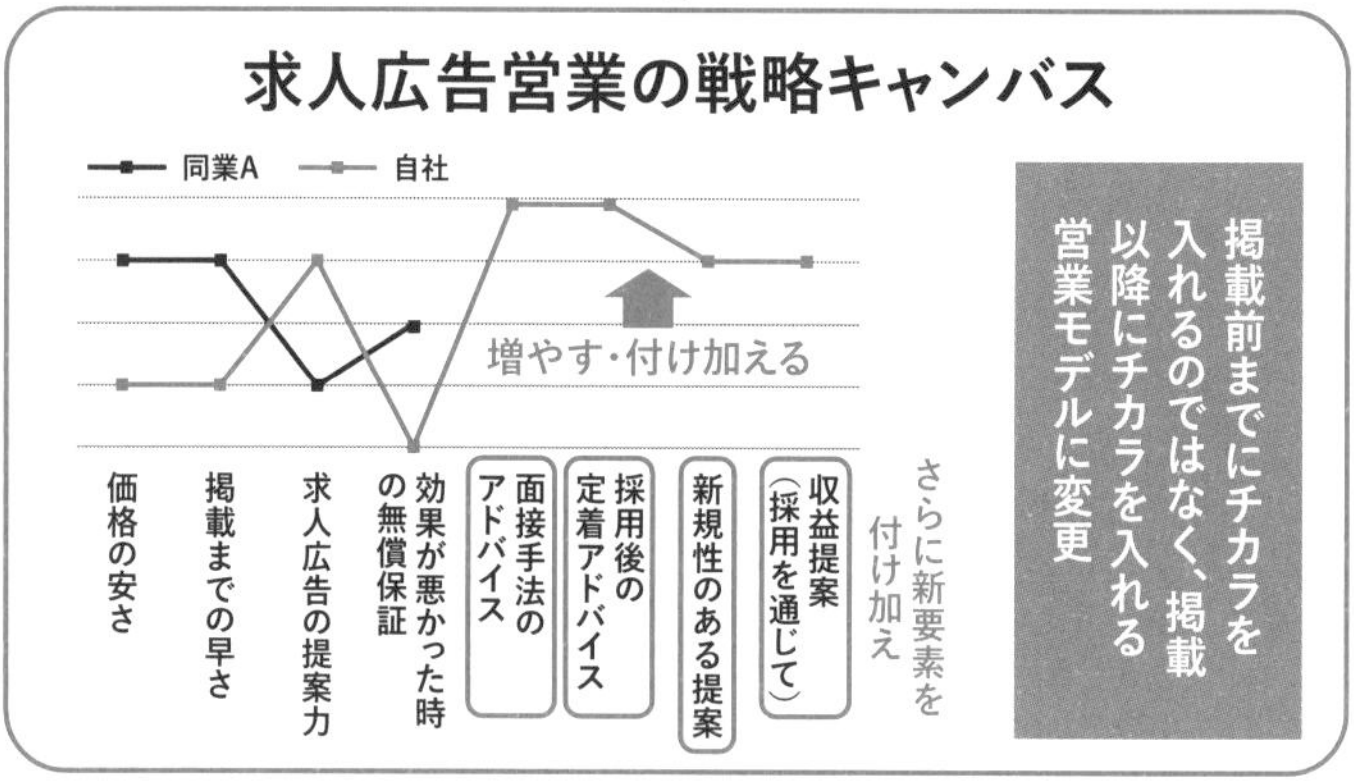
求人広告営業の戦略キャンバス
同業A
自社
増やす・付け加える
価格の安さ
掲載までの早さ
求人広告の提案力
効果が悪かった時の無償保証
面接手法のアドバイス
採用後の定着アドバイス
新規性のある提案
収益提案（採用を通じて）
さらに新要素を付け加え
掲載前までにチカラを入れるのではなく、掲載以降にチカラを入れる営業モデルに変更

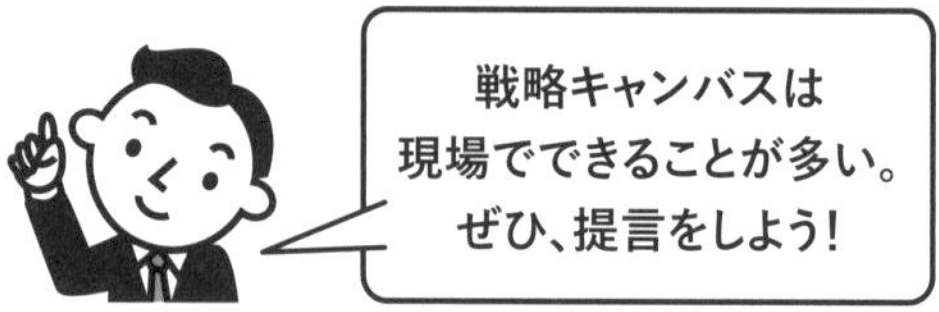
戦略キャンバスは
現場でできることが多い。
ぜひ、提言をしよう！

戦略キャンバスの考え方を整理しましょう。

まず、グラフの横軸に「提供価値」の要素を並べます。その上で、差別化のポイントを明確にするのです。プロセスは3つに分かれます。

①顧客を特定する（対象数を狭めるというより、どんな課題を抱える顧客かで絞る）
②捨てる価値、強化する価値を決める（増やす、新たにつくる、無くす、減らす）
③さらに、新しい価値の要素を加える

現場でも十分できますので、オススメです。上司に提言をしてみてください。

「今後に向け、**レッド・オーシャンから抜け出すために、差別化のポイントを明確にしませんか？**」と。

スマートに結果を出す提言になること間違いなしです。

Point

「戦わずに勝てる方法」を戦略キャンバスで見出し、上司に提言しよう！

第6章

いい時ばかりではない。「うまくいかない時」の対処術

01

後輩が上司になった時のスマートなふるまい

「年上部下」になった時、名脇役を演じられる人は、上司になるより格好よかったりもする。

⦿主役が輝くのは、脇役があってこそ

年上部下、年下上司は、もはや当たり前の光景になりました。

転職サイト「ミドルの転職（エン・ジャパン）」の35歳以上のユーザーに対する調査によると（※①）、「上司が年下だったことがある」と回答した人（40代未満）は、実に約4割にのぼります。40代以上だと、約7割にまでなるのが現状です。

とはいえ、後輩が上司になると複雑な心境になる人も少なくありません。

ましてや、かつて指導していた後輩が上司になる場合、なおさらでしょう。

フォロワーシップどころじゃないかもしれません。

でも、こんな時こそ、覚悟を決める必要があります。

※①「ミドルの転職」ユーザーアンケート（エン・ジャパン、2018年）

「名脇役に徹する」と。

もし、複雑な心境だとしたら、職場をドラマと考えるとよいかもしれません。演技力が不足する若手俳優（年下上司）をカバーする名脇役は、ドラマになくてはならない存在です。

そもそも「役職」は役割に過ぎず、身分でもなければ、信用を測るものでもありません。それぞれが「係長」「部長」という役割を全うしているに過ぎないのです。

実際、転職すれば、「部長」だった人が「課長」になることもありますし、「社長」になることもあります。

「役割」に徹し、上司を支える、これこそが最も格好いい年上部下の在り方です。

◉誰もが憧れる「年上部下」のN氏

ある年上部下を紹介しましょう。彼は40代のN氏。

ある人材サービスの会社に転職しましたが、2年後、その会社が買収され、買収側の会社から若手上司がやってきました。

その上司は30代の女性（Aさん）。なかなかのやり手の方でした。

N氏は、参謀に徹しました。上司もN氏を頼りにし、N氏も上司を支援しました。

「N氏あってこそ」、と周囲は評価していました。

そんなN氏は、そのふるまいがスマートで、若手社員の憧れでした。


私が、彼の真骨頂を見たのは、彼が退職することになった時の送別会でのシーン。

退職の理由は、外資系企業から経営職でスカウトを受けたことでした。

やはり、チカラのある人だったということでしょう。

その送別会の挨拶で、彼はこう言ったのです。

「今までは、上司であるAさんと面白い仕事をできたことに感謝しています。でも、Aさん、今までは職場では、上司と部下でした。これからは、上司と部下ではなく、友人として付き合いましょう。なので、Aさんではなく、これからはこう呼びます。Aちゃん、よろしく！」


さすが、プロに徹する人は違う、と感じたものです。

さて、まとめましょう。

年下が上司になった時、「どんな役割に徹するのか」を決めるといいでしょう。

転職をしたところで、先ほどのデータを思い出すまでもなく、転職先でも「年上部下」である確率は高いですし、もはや、そこは私情を持ち込まないのが得策です。

あくまで、**役職は、配役にしか過ぎない**、と考えておきましょう。

役職なんて、その時の、その職場だけで通用する一過性の役割。

アイデンティティや身分と考えないことです。

N氏のように、年下が上司になった時こそ、最高のフォロワーシップを発揮する。それが、最も格好いい在り方です。

Point

年上部下になった時こそ、フォロワーシップの発揮しどころ。

02

「報われない」時は、飛躍のチャンス

どんなに頑張っても、報われない時もある。
そういう時は、いったん、役割に徹することを考えるのが好転する近道。

◉会社員は、デリケートな生き物

会社員をしていると、良い時もあれば、「マジか……」と思うようなことにも遭遇します。「この世の終わりか」と思うことすらあります。

私にもありました。

不景気で、会社の組織が縮小し、そしてポストがなくなったことがありました。

組織がないので、役職どころではありません。

また一度、便宜的に「役職」が下がったことがありました。

人事考課は良かった上に、悪いことは何一つしていません。

「降格ですか？」と上司に聞くと、「そういうことではない。便宜的なものだ。わかってくれ」とだけ言われる始末。その時、全体の管理職数を半減させる必要があり、その半分に入ってしまったということだったのです。

でも、なぜ自分が……。

この気持ちは、白状しますと1年、引きずっていました。

すぐに退職しよう、と真剣に考えたことすらありました。

ホームページで「コンビニFCオーナー募集」の記事を見て、妻に「コンビニやらんか？」と相談し、「答えは、そこではないでしょ」と諭《さと》されたこともありました。

会社員というのは、こんなことでも気持ちが萎える、デリケートな生き物なのです。

会社を辞めてから当時の上司に聞くと、「伊庭は関西出身だったでしょ。あのタイミングでは、もともと長年、その場所でやっていた人のほうが、何かとやりやすかった。役職を戻すことも視野には入っていたし……」

と言われて、拍子抜けしたものです。

あのショックを返してくれと……。

でも、この一件でもそうでしたが、**「報われない」と思っている時のほうが、人間的**

に成長できることを実感しています。

⦿逆境が人を強くする

「嵐のような逆境が人を強くする」

これは王貞治氏の名言。

王さんだけでなく、**多くの経営者が「逆境の効能」を説いています。**

他人から見ると微風であっても、本人は嵐に感じる、それが逆境です。

その嵐のような逆境を飛躍のチャンスにすることができます。

私は、それまでは順調すぎたのかもしれません。頑張って結果を出せば、昇格し、ステージが上がる。それが当たり前だと思っていました。

でも人は、努力だけでは、なんともならないこともあることを知りました。

同時に、なんともならない時の過ごし方が大事であることも知りました。

また、人の目を気にせず、正しく過ごすための心のタフネスも身につきました。

なにより、そうした状況に置かれた人の気持ちがわかるからこそ、相手の気持ちに寄り添いながらも、厳しく接することができるようになりました。

そして、役割を全うし続けると、状況が好転し、前の状況よりも充実感を得られるようになることも知りました。

その時、元部下だった後輩から、こう言われました。

「今の伊庭さんのほうが、人として、いいと思います」と。

私もそう感じていましたので、やはり逆境はチャンスになるのでしょう。

逆風が吹き荒れ、フォロワーシップを発揮するエネルギーなどとても湧いてこない……。もし、あなたがそんな苦境にさらされたとしても、こう考えてください。

「役割に徹する」「名脇役に徹する」と。

感情は横に置き、自分ができることを考える――。これが「どうにもならない時」の正しい過ごし方。これで好転しないはずがありません。

Point

「どうにもならない時」の正しい過ごし方を知っておこう。

03

ダメな会社だと思ったら、とっとと転職すべきなのか？

不動産投資のプロに聞いた。「儲けている人の共通点は？」と。答えは、「人と逆で考えること。景気の悪い時に買い、景気の良い時に売るだけ」。

⊙したたかに考える！

私は、企業研修講師をする前は、20年にわたって求人事業に携わっていました。

だからこそ思うことがあるのですが、転職志望の人には「したたかに判断をしたほうがいい」とよく言っています。

もちろん、人生は一度きり。〝もっと良いオファー〟〝もっとチャレンジしがいがある〟ということなら、腕試しをしてもいいでしょう。

でも、転職先でも「面白くない状況」が起こらないとも限りません。

そうなると、同じことの繰り返しになります。

私がお伝えしたいのは、もう１つの選択肢です。

もし、会社の状況が、どうしようもなく悪いと思った時、**したたかに「捉え方」を変えてみてはいかがでしょう。**

したたかに考えると、**組織がダメな時こそ、「あなたの値打ち」を高めるチャンスにもなる**、ということです。


プロ経営者がよく言う言葉があります。

「業績が好調な会社の社長に就任することほど、しんどいことはない。

業績が悪い会社のほうが、ラッキーだ」


これは、マイナスからプラスにしか転じようがない状況のほうがラッキーと考えていることを意味する言葉です。

これは、社員だって同じです。

マイナスの時のほうが、断然、チカラが付きますし、ドラマチックな実績を得ることができます。

◉もはや、「ガクチカ」のごとく

今、就活をする学生に広まっている言葉があります。

「ガクチカ」です。

「学生時代、チカラを入れてきたことは何ですか？」

という人事の質問に対し、答える〝チカラを入れてきた経験〟のことを言います。

学生たちは、「留学先のインターンで新規事業を立ち上げました」など、ガクチカを語ることで、希望の就職先にアプローチするのですが、**ポイントは、逆算で考えている**ということ。このガクチカは、自然発生的に語れるようになるのではなく、逆算で「ガクチカ」としてバリュー（価値）のある経験をしておこうと、1年、2年のうちから考えているのです。

したたかだと思いませんか。

でも、社会人も一緒です。

転職でキャリアアップをしようと思ったら、ガクチカと同じように、**「前職でチカラを入れてきたことは何ですか？」「実績にはどんなものがありますか？」**と聞かれるわ

けですから、しっかりと語れる経験、実績を積んでおいたほうがいいでしょう。

「10億円の赤字を○○することで、2年で20億円の黒字化に成功しました」

「採用が全くできなかったのですが、○○をしたことで、学生人気企業ランキングでベスト10位に入り、応募数が10倍になりました」など、マイナスをプラスにする経験は最高の実績になる、それが現実です。したたかに考えると、会社の状況が良くない時こそ、あなたの「実績」をつくるチャンスなのです。

そして、その時に必要になるのが、フォロワーシップです。

役割を超えて、事業に対し、組織に対し、新しいチャレンジを企てる。そんなフォロワーシップがあってこそ、実績を得られるわけです。

転職する気持ちが消えることもありますし、ポストが上がることもあるでしょう。

会社がどうしようもない時こそ、あなたの実績をつくる絶好の機会なのです。

Point

会社がダメな時こそ、実績をつくる絶好の機会。

04

「頑固な上司」への〝正しいあきらめ方〟

風邪は自然治癒する。人の体には自己回復機能があるからだ。しかし、職場の問題にはその機能がないので、火事のごとく問題は延焼する。

◉「頭の固い上司」につける薬はない

「過去と他人」は、変えることができない——。

これは、多くの心理学者が言う言葉。

交流分析を提唱したカナダの精神科医、エリック・バーンの言葉が特に有名です。

さて、問題は「頑固なまでに考え方を変えない上司」に遭遇した際に、どう対処するのかです。

先に結論を言います。あきらめる必要はありません。

ただ、必要以上に頑張る必要もありません。

その時は、**〝頑固な上司〟にアプローチを繰り返すのではなく、「作戦を変える」こと**です。

20代の頃、失敗したことがありました。

昔話として聞いてください（今は、そんな状況はありません）。

上司の指導法に疑問を呈したことがありました。

後輩たちが相談にいくと、「で、君はどうしたいのだ？」と答えを言わずに聞き返すスタイルだったのです。狙いは主体性を促すことだと言っていました。

でも、問題がありました。新人が不満を感じていたのです。

新人には、最初のうちはきちんと教えないと、考えることすらも難しいものです。指導のセオリーでは、新人には「ティーチング（細かく教えること）」が正解ですので、この上司がやっていたことは経験則（間違った経験）でしかなかったわけです。

私は、上司に「新人には早いのでは」と提言をしました。

しかし、上司にこう言われたのです。

「君は、指導というものをわかっていない。私は彼らの主体性を引き出すことが大事だと思っているので、考えさせることが必要だと考えている。ほかの人はそこまでやらないだろう。だから、私が代わりにやっているのだ」と。

⊙さっさと、作戦を変える

こうなると、やるべきは作戦の変更です。

これ以上、**頑張って説得することが得策とは思えません**。

方法は2つ。

①さらに上の上司に相談する。
②同時に後輩に対して、「緩和のフォローアップ」を行う。

まず1つ目。上司の上司とは、課長であるなら部長。下からの助言で動かないなら、上から動かす、つまり組織の論理を利用したフォロワーシップです。

この時、上司の上司は、あなたから聞いたとは言わないはずです。部下を売るような行為は普通しないものです。それでも心配なら、「私から聞いたとは言わないでください」と伝えておくといいでしょう。

2つ目は、後輩のフォロー。後輩の精神的なケアはもちろん、時には後輩への気づきを与える役割をします。

上司が言っていることを翻訳して伝える役割です。

「上司が言いたいことはね……」「難しかった？　どの辺が難しい？」といったように、フォローアップに回るのです。その後輩が上司の本意をつかもうとせずに、ただ「怖い」と言っていることが問題、ということもあるでしょう。

さて、まとめます。

頑固な上司の場合、さっさと作戦を変えてみましょう。

あきらめないことをおすすめします。

職場の問題に、自然治癒はありません。悪化する前に対策を講じておきましょう。

Point

上司の頭が固いから……。
そうあきらめかけたら、作戦を変えてみよう。

05

会社に所属するのではなく、「ジョイン」する感覚を持つ

2つの円がある。1つは会社の円、もう1つは自分の円。「会社の円の中に自分の円がある（会社の中で生きる）」と考える人もいれば、「自分の円の中に会社の円がある（会社に「参加する」）」と考える人もいる。

⊙会社との関係性を整える

以前、ある大手メーカーの方からこんな話を聞きました。

「上司に嫌われたら、10年は出世できない」

そう考えてしまうと、フォロワーシップを発揮することは難しくなります。余計なことをしない道を選ぶのが正解になってしまうからです。

しかし、組織の中堅がそうなると、とたんに職場の問題は増幅してしまいます。一連の不正がニュースで取りざたされていますが、それと同じ構造です。ちょっとお

かしいと思ったことは、提言しないと取り返しがつかないことになりかねません。

もし、上司に対し恐怖があるなら、マインドから変える方法をおすすめします。

「上司に嫌われたら生きていけない」という固定観念を疑うことです。

少し、フォロワーシップの本筋から離れますが、多少なりとも関係することですので、ここで解説しておきましょう。

もし、そうだとしたら、**「村人化《むらびと》」してしまっている**ことを疑ってください。

「村人化」とは、その村こそが社会のすべて、という発想を指します。

その村で生活することが生きるすべてであり、その村の村長《むらおさ》から嫌われると、村八分になる。そして、その村から出て生きていく自信がない。なので、従っておくのが良い。

会社は絶対、上司は偉い。その主従の関係で考えている――それが村人化です。

⦿会社は「所属」するものから「ジョイン」するものへ

もはや、そんな時代ではなくなってきています。

最近、転職の挨拶、またSNSでの転職の報告に、「今日より〇〇社にジョインすることになりました」という言葉が飛び交っています。まさに、これが時代の空気であり、その会社の〝やっていること〟が面白いので、その会社に所属するというより、ジョイン（参加）する、という考え方です。

2002年発刊の古い本ですが、『フリーエージェント社会の到来』（ダニエル・ピンク著、池村千秋訳／ダイヤモンド社）という本が話題になった頃から、そんな発想が浸透してきました。

内容は、これからはフリーエージェント（雇用されない生き方）の社会が到来するといった論調でしたが、面白いのはこの本で説いているマインドでした。

会社を辞めずとも、フリーエージェント的に働く「フリーエージェント社員」といった選択もある、と説いていた点です。契約は社員契約ですが、マインド、ライフスタイルを「フリーエージェント」のように考えませんか、というものでした。

まさに、会社から自律した考え方とも言えるでしょう。

⊙今の自分と「いくらで契約してくれるか」を考えてみる

会社員でありながら、自律心を高めるおすすめの方法があります。

あなたの価値を「金額」で換算してみる方法です。あなたが、仮にフリーランサーだとするなら、会社は〝いくらで契約をしてくれるのか〟と想像してみてください。

私も、中堅社員になった頃からこう考えるようになりました。当時は営業職でしたので、「もし売上の10％の成功報酬で契約するなら、いくらくらいの収入になるのか」と。内勤の仕事に変わってからも一緒でした。「いま退職したとして、フリーとして会社と再契約をするなら、いくらの報酬での契約に至るのか」をイメージしたものです。

あなたがきちんと貢献しているなら、「上司から嫌われることはないはず」と腹をくくることも、フォロワーシップを発揮する上では意外と重要です。

事なかれ主義を選ぶより、〝正しく影響力を発揮する〟生き方のほうが、かえってあなたへの評価は高くなるはずです。

Point

会社を辞めずとも、フリーエージェントの意識で働いてみよう。

06

「これ以上、忙しくなるのは嫌だし」と思った時の対処法

急いでいる通勤途中、ホームにうずくまっている人がいたら、声をかけるだろうか？　フォロワーシップを発揮するとは、「忙しいけれど放っておけない」、そんな選択ができる人になるということである。

◉ただでさえ、忙しいのに……

フォロワーシップを発揮したら、かえってやることが増えてしまい、自分の首を絞めてしまった、という声が少なくありません。

どうしても忙しい時は、「提言」だけでもOKです。何もしないのではなく、少しでも貢献しようと考えてみてください。

もちろん、本来は「率先して行動する」ことまでがセットなのですが、自分の業務が回らなくなってしまっては本末転倒でしょう。上司に、こう言ってみてください。

「本来は、私が巻き取って動きたいのですが、今は○○○で立て込んでおり、身動きが取れないのです。何か、良い方法はないでしょうか？」

上司は、まだ余力があり実力もある、そんな人材をアサイン（任命）することも検討します。ほかの部署の人に協力を得る方法を考えることや、時にはアウトソーシングを検討することもあるでしょう。

ですので、「忙しいから、フォロワーシップを発揮するのはやめておこう」と考えるのは早計です。問題は早めに解決しておかないと、取り返しがつかなくなります。

もし、**忙しく、これ以上のタスクを増やせない、と思った時は、何かワンアクションだけでもしてみましょう。**

◉「代わりにやってくれる人」がいない場合

今は、誰もが忙しい、そんな時代です。

ほかにアサインする人がいないこともあるでしょう。

そんな時は、「最小の労力」でできることを考えます。

まず、対策を考える場合、**最も手間をかけない方法をチョイスする**のです。

忙しくて手が回らない時は、「手間」をかけない方法を提言する

解決したい問題	離職率の改善（○％から○％へ）
解決の課題（解決の条件）	解決すべきは、入社3ヵ月目までの離職を予防すること
対策検討	2点…「高い効果」が見込める 1点…「不確定要素あり」、もしくは「ふつう」 0点…「マイナス要素」が予測される
解決策	現状のマンパワーを鑑み、プランB（アウトソース）を選択

手間を評価項目に入れ、2倍の加重をかける

	効果	コスト	現実性	**手間**	合計
	×2	×1	×1	**×2**	
プランA	4	2	1	**0**	**7**
プランB（アウトソース）	4	0	1	**4**	**9** ✓
プランC	1	0	1	**2**	4

アウトソースする案がベストプランになる

右図のように、候補案を3つ程度考え、「手間」の評価加重を2倍にしてみることもおすすめ。すると、図のように〝手間のかからない方法〟を選択することもできます。

また、場合によっては、どうしようもない**「手間」は「お金」で解決する方法もあります**。私はよくアウトソーシングしたり、派遣の方に来ていただいたりしていました。お金で解決することも選択肢に入れておくとよいでしょう。

上司が予算の差配をしているようなら、内容に応じ、適宜、「販促費」「人件費」など、余裕のある科目からの捻出を考えてくれるでしょう。派遣にお願いする、短時間アルバイトを雇うなど、対策を講じてくれる可能性もあるのです。

忙しいからやらないことを正当化し始めたとたんに、大事なことを先送りする人になってしまいます。忙しい時は、「手間」をかけない方法で考えるのも現実的な選択です。

Point

「忙しいから」であきらめるのはもったいない。〝手間のかからない方法〟を探すのが先。

07

何から手をつけてよいか、全く見えない時

「我々の給与は誰からもらっているのか？」を考えると、モヤが晴れることがある。本質を見る人は、「お客様からもらっている感覚」を持っている。

◉打開策が、全く見えない時

どこから手をつけてよいのか、全くわからないほどに複雑に〝こんがらがった〟問題に遭遇した時の対処法も紹介しておきましょう。

この本では、その対策として、ロジカルシンキング（ロジックツリー）で考えることや、ビジネスフレームワークなどを紹介してきました。

しかし、それでも解決に悩む、複雑に入り組んだ問題はあるものです。

新規事業の立ち上がりが遅い、業績が想定以上に悪化、従業員のマインドがますます離れ離職が止まらない……なんてこともあるでしょう。

私も経験があります。新規事業の立ち上げの時に、暗闇でアクセルを全開にして走っ

ているような感覚に陥ることもありました。

とはいえ、どんなエクセレント・カンパニーであっても、過去を振り返ると、危機的な状況を社員の努力で切り抜けてきた歴史の繰り返しです。

そして、**着目すべきは、切り抜け方はほぼ同じ**ということ。

立ち返るべき「判断軸」を持っており、その判断軸で問題をシンプルに捉え直しているのです。

ですので、業績の問題、従業員満足の問題、その他いかなる問題であっても、答えが出ない時は、まず上司にこう提言してみてください。

今こそ、「お客様視点」で考えませんか、と。

〝当たり前〟な答えに拍子抜けされたかもしれませんが、業績も、従業員のモチベーションの問題も、お客様視点で考えるとやるべきことが見えやすくなるものです。

では、あなた自身でも、確認してみてください。

・あなたは、お客様が抱いている**「不満」**を語れますか？（想像ではなく）
・お客様が感じている、漠然とした**「不安」**を聞いていますか？
・それが難しくても、せめて、お客様の**「不便」**を把握していますか？

まさに、「3つの不」。商売の〝基本のき〟です。

「内勤だから……」は関係ありません。

上司が普段から朝礼で、「最近のお客様が感じている不安は……」とか、「先日、お客様がおっしゃっていた……」と伝えていれば、いかなる職場でも答えられるはずです。

◉「内向き組織」が諸悪の元凶

一見すると、観念論のように聞こえたかもしれません。

でも私は、観念論や精神論は苦手です。

業績を回復させた社長の声を集めて読み込んだことがあります。すると、パナソニック、日本航空（ＪＡＬ）、良品計画（無印良品）、龍角散、リンガーハット（長崎ちゃんぽん）といった大手企業から、地方の中小企業、例えば、納豆不毛の土地での納豆販売で躍進する小金屋食品、東京の八重洲にある老舗の日本料理屋「や満登（やまと）」まで、共通点を探すと驚くくらいにパターンが一緒。お客様視点に立ち返っているのです。

【業績悪化の原因】
・お客様のニーズからズレ始めていた（商品、ブランドを過信）。
・セクショナリズムが横行しており、〝われ、関せず〟の姿勢があった。

【講じた対策】
・改めて、お客様のセグメントを行い、顧客ターゲットを明確にした。
・そのターゲットとなるお客様の「不満・不便・不安」の把握に努めた。
・再度、自社サービスを使って、お客様の課題を解決する方法を考えた。
・全社が一丸となって拡販に努めた。

【結果】
・業績回復　・チームワーク回復　・セクショナリズムの解消　など

つまり、「内向き組織」を「顧客志向」に変えたこと、これこそがV字回復の鍵、というわけです。

迷ったら、「顧客志向」になっているかどうかを確認する。

これでまず、間違いないでしょう。

Point

どこから手をつけていいかわからない時は、まず「お客様視点」で考えてみる。

装丁――――――――――小口翔平＋加瀬梓（tobufune）
図版・本文デザイン――――桜井勝志

〈著者略歴〉

伊庭正康（いば・まさやす）

1969年京都府生まれ。1991年リクルートグループ（求人情報事業）入社。営業としては致命的となる人見知りを、4万件を超える訪問活動を通じて克服。プレイヤー部門とマネージャー部門の両部門で、年間全国トップ表彰を4回受賞（社内表彰は累計40回以上）。営業部長、㈱フロムエーキャリアの代表取締役など、重要ポストも歴任する。

2011年、企業研修を提供する㈱らしさラボを設立。リーディングカンパニーを中心に、年間200回を超えるセッション（研修、コーチング、講演）を行っており、そのリピート率は9割を超える。最近は、本書のテーマである「フォロワーシップ研修」を行うことも多い。

著書に、『できるリーダーは、「これ」しかやらない』（PHP研究所）、『営業の一流、二流、三流』（明日香出版社）、『メンバーが勝手に動く最高のチームをつくる プレイングマネジャーの基本』（かんき出版）、『会社では教えてもらえない 残業ゼロの人の段取りのキホン』（すばる舎）などがある。

また、YouTube「研修トレーナー 伊庭正康のビジネスメソッド」もスタート。

トップ3%の人は、「これ」を必ずやっている
上司と組織を動かす「フォロワーシップ」

2020年3月11日　第1版第1刷発行

著　者　伊庭正康
発行者　後藤淳一
発行所　株式会社PHP研究所
東京本部　〒135-8137　江東区豊洲5-6-52
第二制作部ビジネス課　☎03-3520-9619（編集）
普及部　☎03-3520-9630（販売）
京都本部　〒601-8411　京都市南区西九条北ノ内町11
PHP INTERFACE　https://www.php.co.jp/

組　版　有限会社エヴリ・シンク
印刷所　凸版印刷株式会社
製本所　株式会社大進堂

ISBN978-4-569-84598-2

PHPの本

やりたいことなんて、なくていい。

将来の不安と焦りがなくなるキャリア講義

伊藤羊一 著

将来のキャリアに悩むすべての人、必読！ うつも左遷も経験したＹａｈｏｏ！アカデミア学長が教える「自分の可能性を最大化する働き方」！

定価 本体一、四〇〇円（税別）

PHPの本

労働2.0

やりたいことして、食べていく

中田敦彦 著

「全サラリーマンに告ぐ、いますぐ労働をアップデートせよ！」。シェアリングで仕事発注、SNSでバイト募集、オンラインサロンで副業……。どんな組織にいても実践可能な「最強のビジネス論」。

定価 本体一、四〇〇円（税別）